加爾默羅靈修

凡尋求天主，深感除天主外，
心靈無法尋獲安息和滿足的人，
會被吸引，進入加爾默羅曠野。

愛的活焰

聖女大德蘭誕生五百週年新譯本

西班牙文原書名：*Llama de amor viva*

英文譯名：*The Living Flame of Love*

聖十字若望 St. John of the Cross ◎著

加爾默羅聖衣會◎譯

范毅舜◎封面攝影

CONTENTS

目錄

推薦序一

《愛的活焰》修訂版引言

房志榮　神父

約十五年前，即二〇〇〇年四月十七日，筆者曾為本書的前版譯文寫過一頁〈引言〉（參見本文末）。今年七月，芎林加爾默羅隱修會重新翻譯該書，請我審閱後出版。仔細批閱譯稿後，發現十五年的歲月沒有留白，同一本書、同一位譯者，在初版與修訂版中所呈現的面貌已有差別。靈修的深化，思想的清澈，詞句的選用，都在譯文中留下痕跡。這當然有助讀者更能把握原作者聖十字若望的神祕經驗和神學與靈修的講述。本書基本上是一部注釋，是作者把他寫過的四段詩節，逐段解釋成書。為突顯修訂版與初版的差異，只須把四段詩節的不同譯筆並列，就可體會得到：

初版

一、啊！愛之活焰，
柔傷我靈
至深中心點！既然
現在爾非壓抑，
瞬團圓！倘爾意：
撕破此紗甜蜜相遇！

二、啊！甜蜜燒灼！
啊！歡愉傷口！
啊！溫柔之手！啊！柔巧輕觸，
永生得嘗，
債務清償！
經歷死亡，爾以生命變化死亡。

三、啊！火焰明燈！
於爾光輝中，

修訂版

一、啊！愛的活火焰，
溫柔地觸傷我的靈魂
至深中心點！
既然祢已不再壓抑，
瞬即團圓！若是祢願意：
撕破此紗甜蜜相遇！

二、啊！溫柔的燒灼！
啊！歡愉的傷口！
啊！溫和的手！啊！柔巧的接觸，
永恆的生命得以品嘗，
所有的債務全部償還！
經歷死亡，祢以生命變化死亡。

三、啊！火的明燈！
在祢的光輝中，

感覺深洞，
昔隱且盲，
今放光芒，稀極，妙極，
溫明同臨所愛君王。

四、何其可愛柔輕！
爾醒於我心！
幽隱爾獨居；
爾之甜蜜噓氣，
幸福光榮滿溢，
何其溫柔，爾以愛情瀰我心頭！

感官的深奧穴洞，
昔隱且盲，今放光芒，
完美絕倫地，
一起獻給心愛主溫暖與明光。

四、多麼的溫柔與深情！
祢在我的胸懷裡清醒！
在那裡，祢獨居幽隱；
在祢愉悅的噓氣裡，
幸福與光榮滿溢，
祢多麼柔巧地傾心迷戀我！

二〇一四年七月二十四日於輔仁聖博敏神學院

房神父引言

芎林加爾默羅隱修院所譯的《愛的活焰》一書，我在十多年前已讀過其初稿。當時就深深景仰聖十字若望，把天主寫得那樣真切親密，使我兩週之久沉浸在天主臨在的感受中，對世事只覺索然無味，一如書中多次提到的。那時曾想，這書如能出版問世，多少渴慕天主的人會像麋鹿之遇清泉，可以暢飲天上的甘露。現在這一心願得償了。

保祿孝女會在出版前請我再讀一次打字稿，我高興地再看一遍，仍覺得獲益匪淺。特別有兩件事值得一提：

一是聖十字若望把他的神祕經驗與聖經裡所說的種種配合無間，每每出乎我們的意料之外。比方用格後五1來形容分隔我們與天主之間的薄紗（詳見第七十七頁）。我們說水火不相容，他卻引用加下20－23，說人和天主間並非如此（詳見第一一五頁）。再如把創一所載天主說「有光」，由自然界移到心靈的光和暗（詳見第一五二頁），都是很有啟發性的。雖然聖人的那個時代，聖經學沒有今天這樣發達（如他把所有聖詠都歸給達味，他仍以保祿為希伯來書信的作者等）。但這不妨礙他活出天主的聖言，把神祕經驗建立在聖經的啟示上。

這就引我略提第二點：中國人那麼多，中國文化那麼淵遠流長，丰采多姿。如果各人依照自己的生活背景，文化素養來讀聖經，聽天主的聖言，在生活實況裡予以消化吸收，再吐絲作繭，與人分享（口頭的也好，書面的也好），那將匯成多雄厚的洪流，奔向永生的大海！願與本書讀者共勉。

房志榮　謹誌於輔大神學院
二〇〇〇年四月十七日

推薦序二
The Living Flame of Love Forward

何瑞臣　教授

聖十字若望是一個對天主不斷懷有望德和信德的人，無論在生命的旅途中，他自覺處於什麼樣的境況。當他被監禁在托利多時，遭逢心靈與身體的困境，儘管他的信德陷入黑暗，他仍然忠信於天主。甚至當他獻出畢生，為革新加爾默羅家庭勞苦奔波之後，在烏貝達臥病臨終時，他知道自己的長上們圖謀把他趕出修會，他對天主和加爾默羅會還是真心誠意。最重要的，他以各種方式，珍視天主的完美禮物，即神性之愛的恩寵——經常落實於人和事。

若望留給二十一世紀的我們一個愛[1]的訊息，這愛終究會征服我們。這就是耶穌基督的訊息，祂的復活告訴我們，愛永遠勝過黑暗與仇恨。若望留給我們的這個訊息，散見在他的所有著作，不過，尤其是在《愛的活焰》中。這首詩和散文註解，是他給所有追隨者

1. 大寫的愛，Love

的見證——天主一直都愛著我們，渴望帶我們進入聖三的神性生命內。

這首詩於一五八五年題獻給安納夫人（Dona Ana de Penalosa），她是在俗的女信徒、加爾默羅會的恩人和朋友。由於安納夫人不斷懇求他解釋詩的深意，次年，他開始寫《愛的活焰》初版。一五八六年，他以兩星期的時間完成初版。這是相當令人驚奇的速效成果，因為他還忙於其他的事。然而，在他死於一五九一年十二月十四日之前的幾個月，在他下到南部，去培紐耶納（La Penuela）暫住時，趁著有多餘的時間，他決定寫第二版本。一五八六～八七年，他重寫《靈歌》，再次編排詩節的次序，並增加幾段詩節，他重寫的《愛的活焰》則更強而有力。對於後來閱讀此書的人，他希望這部著作是他的最後見證。他改變了一些措詞，增加一些句子，甚至是加上一整個小節，這是為了強調一些關鍵的重點，盼望讀者閱讀註解時，會牢記不忘。有的人說得很對，註解沒有本質上的改變，卻有強調的重點，如果只有初版的話，會看不到這些重點。②

在序言中，他提醒安納，他所要寫的東西極其深奧，如此受限的人類語言真的無法全然表達。話語有其限度：「凡我所提之事，與本體實相相去甚遠，猶如圖畫之於呈現的實物。」（活焰原文序・1）而在第二節中，若望給了我們人純真生命的目標。他告訴我們，由於天主的無限美善和愛，我們此時此刻，就是要活天主的生命；天主藉著在我們每日的存有中，使我們度天主的生命，而把祂的家安置在我們內。（活焰原文序・2）我們成為

2. See the superb work of translation in English and the arrangement of versions A and B done by Jane ACKERMAN, *John of the Cross. The Living Flame of Love. Verions A nd B*（Binghamp,NY: Medieval & Renaissance Texts and Studies, 1995）

天主的愛和美善，愈來愈具體化——這一切全是天主的禮物，即恩寵。現在以我們有限的方式，使天主成為有血肉者，這是天主的禮物；整部著作中，這個主題一再地重覆；一切都是恩寵。這一切都是天主在我們內、藉著我們、偕同我們所完成的。

在第一和第二詩節中，若望一次再次地提及，在今世，和天主相愛的這個生命的神奇奧妙。這是個生命的過程，其中伴隨著所有不是天主的黑暗和死亡。那是死於所有阻礙我們得到完全生命的一切，也是對生命（Life）的一個承諾，這生命甚至現在就與天主同在，在天主內，天主也在我們內。在信德內的死亡和黑暗，如花盛開地轉化成愛、光和生命。

第三詩節中，若望談及天主的特質，及人如何神化，和天主合而為一。使我們的生命為所有人而成為天主的化身，這個過程中，我們看見若望建立一個愛人之間的平等：天主與我們。（活焰3・6）這一節結束時，他以天主的口吻對我們所有的人說：「我是妳的，也為了妳，我歡喜於我的所是，為能成為妳的，並把我自己給妳。」（活焰3・6）這是熱情洋溢的詩節，若望論及與天主完全結合的這個渴望和思慕，及為什麼在神婚中，這結合給予的一種滿足，要等到在天主內完全合而為一的生命時，才會在永恆裡給予完全的滿足。接著，他離題旁論，寫了很長的一段講論神師。他在此強調這個事實：天主是主要的行動者，是祂帶領人達到此深度的結合，指導者必須是有知識、謹慎明智和有經驗的人。（活焰3・30）指導者需要聆聽，天主如何帶領人進入默觀和圓滿的神性生命。那麼，她／他的角色是使這人能聽到和看見天主的工作，因而開放地去接受一切。被天主帶領達到這個結合，祂之對待每一個人，是按照他們的故事，因此是以個別的方式，人與天主結合；在此結合中，這人已成為天主。（活焰3．78）意思是說，從這人所度的生活中，天主可以被看見，因此這人去愛，如同天主在愛，這愛無論在質和量上，都是豐富與大量的，只要這人的境況容許。在愛中，藉著這愛，現在天主被認識、被愛也被珍愛，而且這人如同天主。

第四詩節，是他的註解中最短的部分，可能因為這主題是如此深又無法透徹的奧祕，任何人都無法用人類的話語充分地說明，即使聖十字若望也辦不到。他在此提醒我們，現在一切是在天主內，透過天主而獲知的。（活焰4．5）詩中說的清醒，並非真的天主的清醒，而是我們，是人的醒來。天主在此使人和天主本身平等，如同姊妹和兄弟，如同愛人。天主輕柔地居住和醒來，這人在天主——祂就是愛——內呼吸。這是無可言喻的。

整首詩和註解表達的是愛（Love）的生命。一個人被迷住，成為整全的、自由的，因此在今生今世成為天主；這發生在今生，時時處處透過人、事件和我們做出的選擇而生效。所以，我們為他人而成為天主，我們不能不和天主一起去愛，去使世界燃燒起來，天主從我們內的深處推動我們，天主是愛，祂就住在我內的深處。

聖十字若望的所有散文著作中，這部《愛的活焰》修訂本，是應該最先深入閱讀的。因為它包括若望論及靈修旅途的全部教導，經由此一旅途，我們在基督內，在世界上，與天主合而為一。

為此，中文的新譯本使更多的世人，有可能和聖十字若望連結，更重要的是與溫柔的天主結合，祂柔巧的愛，是若望所深知的，且呈現給所有的人。

何瑞臣教授 Professor Richard P. Hardy

二〇一四年七月十六日加爾默羅山聖母節日*於美國加州舊金山

＊ 七月十六日教會慶祝聖母顯現授予棕色聖衣。

推薦序三

寶貴的靈修小百科

台大哲學系教授　關永中

〈愛的活焰〉不單成詩於剎那間，其同名著作也只花了十五天的時間而被促成。然其重要性卻不下於《攀登加爾默羅山》、《黑夜》、《靈歌》；因為它畫龍點睛地強調了神祕進境的高峰。其詩的各節皆瀰漫著愛的情傷，而末段尚刻畫著美的昇華；字句不多，卻一針見血地道破「神化」的究竟，尚且環繞著「神婚」這一核心而兼顧其他相關議題，以致堪稱一部靈修小百科，被歷代修行者所珍視。

欣聞台灣芎林聖衣會女隱修院按西班牙原文重新翻譯，以收精準之效，為靈修與學術研討作出其一定的貢獻。謹向讀者們大力推薦，並向心儀已久的聖師——聖十字若望——作深深的致敬。

關永中　二〇一四年七月一日

導讀

美麗的活焰～若望生命的最後見證

《愛的活焰》是一本小巧優美的作品，和《攀登加爾默羅山》形成強烈又鮮明的對比。《攀登》太冗長、講理……讓人覺得很難看懂，往往望之卻步；《活焰》則是精簡靈巧，愛與美的情感洋溢，甚至可以說是愛的爆裂，籠罩在神魂超拔的氛圍中，太深入了，竟然也讓人感到看不懂，或無法置信。

兩部著作中，聖十字若望同樣走極端：《攀登》徹底剖析主主動的淨化，列出所有可能的神祕經驗模式，幫我們化解神祕經驗上可能的疑慮，指出正確的修行之道；《活焰》則道盡人世間最高的結合境界，聖人盡情暢述天主聖三的愛，無論情況如何，祂就是愛我們，迷戀我們，決意拯救我們，「這個愛的燒灼，對所觸及的靈魂，或是曾被悲慘的處境和罪惡創傷，或是健康，都會立刻留下愛的傷口。」（活焰2・7）致使靈魂「在此熱愛中，她的愛變得這麼的精純，彷彿有愛火的海洋在她內，遠達天涯地角，全都充滿著愛。因此，靈魂覺得整個宇宙是一個愛的海洋，她已進入海洋中，無法眺望這個愛的界線，如我們說的，她覺察在自己內愛的活點和中心。」（活焰２・10）在此結合的崇高境界，聖神扮演非常重要的角色，也可說，這是一部「頌讚聖神」的作品。

為了對本書有更深入和具體的認識，我們要講述一些聖十字若望生命的史實，聖人的親身經歷，他的故事會幫助我們透視此書的不朽價值，我們會明白，這本書不只是一些美麗的思想和觀念，更是他生命故事的最後見證。

本文的主要參考資料來自 *God Speaks in the Night ~ The Life, Times, and Teaching of St. John of the* Cross. Kieran Kavanaugh, OCD. trans.（ICS, 1991, Reprint, 2000. Washington, D.C.）。同時也參考 *The Life of St. John of the Cross, Crisogono De Jesus,* translated by Kathleen Pond,（H&B, New York, 1958）；*Handbook to the Life and Times of St. Teresa and St. John of the* Cross, E. Allison Peers,（Burns Oates, London, 1954）；*Saint Teresa of Avila,* Marcelle Auclair, trans. by Kathleen Pond,（Pantheon, New York, 1953）。

一、一五七八～一五八一　流放異地

想念故鄉

話說一五七八年八月十五日，聖十字若望奇蹟般逃出托利多牢房，為了他的安全及療傷，不久即被護送南下至安大路西亞。時間過得很快，兩三年一晃就過去。因國王菲理伯二世的介入，一五八〇年六月二十二日，教宗國瑞十三世簽署了一份詔書，批准赤足加爾默羅會為獨立會省，脫離非赤足修會的管轄①。次年三月三日至十六日，赤足會士在亞爾加拉（Alcalá）召開大會，選舉省會長及參議，同時起草修會會憲。國王下令一定要大事慶祝，所有的費用由他買單。

若望參加了此次的大會，三年前避難似地南下，如今首次返回他熟悉的卡斯提，他對故鄉的思念是可以理解的。那年南下之前，匆匆離去，毫無機會和他的母親、哥哥道別。此時此刻，重返北部時，母親已在之前的一年，因流行病而逝世。除此之外，他在南方的任職是出自一五七八年十月召開的奧默多瓦會議，而這個會議，基本上並不合法，沒有得到教廷大使的批准。然而，現在這次大會的選舉，他被選為第三參議，同時任命他擔任殉道山（Los Mártires）修院的院長。若望請求大德蘭幫忙，大德蘭立刻回應他的請求，大會一結束，馬上寫給剛剛當選的省會長古嵐清神父：

「我忘了向您請求一個復活節的禮物，願天主保祐，您會恩准我的這個請求。當我安慰十字若望會士，關於他久留安大路西亞的難過心情時，我告訴過他，如果天主賜給我們成立會省，我會設法讓他回到這裡。現在他提醒我這個許諾，而且擔心要選他負責培亞城。

1. 此時修會不受非赤足管轄，可以成立會省，但仍不是正式的修會，所以選出來的會長，稱為省會長。一五九三年十二月二十日，教宗克來孟八世頒布詔書，赤足加爾默羅修會才正式得到教會的認可。

他寫信給我，想請求您不要批准這個推選。如果是在您的權限之下，理當恩准他的願望，因為他受了相當多的痛苦。」（一五八五年三月廿四日）

這個求情沒有得到應允，古嵐清神父仍然把若望留在南方，他顯然沒有聖女大德蘭的慧眼，透視聖十字若望是什麼樣的寶貝，如果他從一開始把若望留在身邊，邀請他共同管理修會，整個修會的歷史必將改寫。一五八五年，在里斯本召開大會，古嵐清神父推薦了多利亞神父繼任他的省會長職，且獲選，他為此沾沾自喜時，聖十字若望說了一句預言，這位他所推薦的人，有一天會剝下他的會衣。事實果然如此，不出幾年，多利亞當了省會長，很快就把古嵐清神父逐出修會。這是一段令人痛心的史實。言歸正傳，若望知道返鄉無望，他的鄉愁，他的痛苦是很深的。四個月後，他寫信給一位卡斯提的修女，信上這麼說：

「我的女兒加大利納，願耶穌在妳的靈魂內！雖然我不知道妳在哪裡，我願寫幾句話給妳，相信我們的（德蘭）姆姆會把信送去給妳，如果妳沒有和她在一起。如果是這樣——妳沒有和她在一起——要很有安慰地這麼想：妳不像下到此地的我，這麼的被拋棄和孤單。經過鯨魚把我吞下去，又吐到這個異地的港口，我一直不堪再見到她（即德蘭姆姆）和那裡的聖人們②。天主做得很好，因為，畢竟，被拋棄是一把銼刀，忍受黑暗引領人達到大光明，願天主保祐，我們不要行走在黑暗中。」（一五八一年七月六日）

2. 指那些有聖德的修女們，這是若望的幽默說法。為使上下文更清楚，筆者加上括號內的字。

最會一次會晤聖女大德蘭

一五八一年大會結束後，安大路西亞的省會長狄耶各神父（Diegode la Trinidad）決定，要在革拉納達創建女隱修院，貝雅斯隱院的安納姆姆協助此一建院，最後協商的結果，是請聖十字若望親自動身前往亞味拉，邀請德蘭姆姆來此建院，同時，他也能和古嵐清神父討論建院的事宜。於是省會長神父寫了這道命令：

「我命令會士十字若望神父，培亞城聖巴西略學院院長，因服從前去亞味拉，邀請我們最可敬的會母，耶穌・德蘭姆姆，赤足會的創會者，現任亞味拉聖若瑟隱院的院長，帶她來創立革拉納達隱修院，要準備應有的舒適和照顧，為她個人及年齡的需要，並帶回為此新隱院所需的其他修女。寫於一五八一年十一月十三日星期一。」

幾天後，若望帶了一位同伴，從貝雅斯出發。身上帶著安納院長給古嵐清神父和德蘭姆姆的信。當然也帶足了坐騎和旅途的錢，希望回程時把會母和來創院的修女帶回。我們可以想見若望的心情，他多麼高興能和大德蘭重逢，十一月廿八日，他已抵達亞味拉，傍晚時，和德蘭姆姆在聖若瑟隱修院的小談話室會面。

會談之前，首先把訊息傳達給古嵐清神父，他並沒許可德蘭姆姆和若望一起去革拉納達，而是要德蘭姆姆決定創院修女的名單，兩位來自亞味拉，兩位來自塞維亞（Seville），四位來自貝雅斯，由安納姆姆擔任創院院長。德蘭姆姆不能親自去革拉納達，因她必須去布格斯（Burgos），這座隱修院已經開始在創立的階段。

這次的會談，沒有留下什麼詳情資料，只有德蘭姆姆的一句敘述：「這個傍晚，我和一位本會的神父在一起，我是如此喜悅。」我們知道，四年前若望遇難之後，這是他們的首次會晤，事實上，也是在世上的最後一次會面。次日，十一月廿九日，若望帶著兩位亞味拉的修女，揮別德蘭姆姆，這位他在世上深愛的聖女。

創立革拉納達隱修院

十二月八日回到貝雅斯，當安納姆姆發現德蘭姆姆無法前來，她非常失望。大德蘭寫來的信中說，她非常希望前來革拉納達，即使只是為了讓安納高興，然而天主有不同的安排，她鼓勵安納姆姆繼續革拉納達的創院，並向安納保證一定會成功。

在貝雅斯停留了一整個月，等待省會長狄耶各神父的消息，他已先去革拉納達求得總主教的授權及購置屋舍。省會長遲遲不回，若望和安納姆姆決定準備好一切，時候一到，可以立即動身。一五八二年一月十三日（六）中午，省會長派來一位使者，傳話說，可以出發了。現在什麼也擋不了他們，即使外面下著可怕的暴風雨。

他們備好坐騎，一月十五日星期一，清晨三點離開貝雅斯，迎向革拉納達。這時有修女七位，再加上兩位男會士，十字若望及其同伴伯鐸神父（Pedro de los Ángeles），共九位，熱心無比地出發。

因之前兩天的豪雨，雖然天已放晴，還是滿路泥濘，行路艱難。第一天走走停停，只前行了二十八哩，留宿托雷貝羅基（Torreperogil），在該地接收了一名女孩作輔理修女，取名為加大利納（Catalina de los Ángeles）。

一路上，走走停停之際，安納姆姆、十字若望和伯鐸，三人談論著，不知要如何才能得到總主教的批准，因為他堅持不給許可創立隱修院。正在此時，傳來驚人的響雷聲，安納姆姆形容說，真的可怕極了。後來他們得知，正是那一記響雷擊中革拉納達總主教府，非常靠近總主教的臥室，摧毀了府內的圖書館，擊斃了畜舍裡的幾隻騾子，總主教因驚嚇過度而生病。

這事發生於一月十八日，次日，他們來到離革拉納達三哩半的阿爾波雷特（Albolete），和省會會長狄耶各神父會合。他表示情況真的糟透了，總主教不給許可，答應賣給他們房子的屋主也變了卦。他們很快地審視整個事情，還是決定繼續前進。

兩道門對他們緊閉，然而卻有一道敞開的大門，就是安納夫人（Doña Ana del Mercado y Peñalosa）的宅第。最後一分鐘作了決定後，他們算好時間，在二十日清晨三點，這一群人抵達安納夫人的家，受到非常溫暖的歡迎，耶穌安納姆姆回憶當時的情景寫道：「當我們抵達時，這位高貴的夫人已在街道的門口等候，她站在那裡，以眼淚和熱烈的虔誠迎接我們。」看到安納夫人讓出家中最大的廳堂，佈置成聖堂供她們使用，修女們深受感動，淚水盈眶，不禁唱起 *Laudete Dominum omnes gentes*（普世萬民請讚頌上主），讚美天主。

當天一早，安納姆姆親自拜見總主教，告知她們的來到，總主教親切接待，並給予建院的許可。此時總主教仍因驚嚇過度而不適，或許是因為這個意外事故，使他的心軟化下來。一得到准許，立即安排在佈置好的聖堂舉行彌撒。總主教派他的代表來主祭，十字若望會士領唱福音，他的同伴天使伯鐸唱讀經。

安頓好修女們之後，一五八二年元月底，若望直奔殉道山（Los Mártires）會院，這是他未來六年的所在地。

二、一五八二～一五八七 平靜又忙碌的六年

二十五歲至四十歲

若望二十五歲晉鐸，返鄉首祭時，第一次會晤聖女大德蘭，接受她的邀請，答應參加改革加爾默羅會。二十六歲，修畢撒拉曼加大學的全部課程，回到梅地納，開始和德蘭姆姆攜手革新修會。一五六八年十一月廿八日，在杜魯耶洛（Duruelo），創立赤足加爾默羅男修會的第一座會院。三十歲，大德蘭向他求救，召他來降生隱院擔任告解神師，協助她管理近兩百位的非革新隱院的修女。三十五歲時，遭非赤足會士的劫持，囚禁在托利多的牢房，幾乎喪命。在暗無天日的監禁中，他構思且寫下一首長詩〈靈歌〉。九個月後，奇蹟般地逃離，不久，三十六歲的若望被送到南部安大路西亞，在偏遠的埃加耳瓦略修院擔任院長。在此退隱靜寂的會院，他可以療傷、休養，除了管理會院，他每週一次往返貝雅斯隱修院，聽修女們的神功，幫助她們的靈修，也提供一些勞力的服務。此時，他開始執筆寫《攀登加爾默羅山》和《靈歌》。

三十七歲，他在培亞城創立革新修會的修生學院，於是從埃加耳瓦略轉往培亞城擔任學院院長，一直到一五八二年。一五八〇年六月二十二日，教宗國瑞十三世頒布詔書，批准赤足加爾默羅修會為獨立的會省，不受非赤足的管轄。次年三月三日至十六日，赤足會士在亞爾加拉召開大會，十字若望參加了此次的大會，被選為第三參議，也接受任命為殉道山修院的院長。在走向新任職的路上，意外地碰到創立革拉達納達女隱院，雖不是他行程的目的，他給予全力的支持。安頓好修女們之後，他立即奔赴殉道山修院。

四十歲的若望，無論從那一方面看，他已達到相當的成熟，當年亞味拉的五年，留在大德蘭的身邊，他是個傑出的靈修指導者，大德蘭在他的指導下，達到神婚；而會母德蘭的豐富個性、多元才華也深深影響了若望。如今四十歲的若望，面對未來六年的革拉納達，他的投入是全方位的，我們可以說，這是豐收的六年，一點也不亞於當年亞味拉的五年，他是個超優質的默觀者和使徒。

來到殉道山修院

革拉納達的殉道山修院，鄰近聞名的阿蘭布拉宮（Alhambra），天然的景色怡人。殉道山，原文是Los Mártires，意思是「諸殉道者」，這個小山丘原本是個俘虜營，許多基督徒在此被摩爾人殺死，因而得到殉道山的名稱。如今這個修院遺址屬於政府，已改建成一座優美的天然花園，成為相當出名的觀光景點，稱為El Carmen de los Mártires，觀光資訊的中文譯名是「烈士卡門」，它的字意其實是「加爾默羅的殉道山」。

若望抵達修院，受到弟兄們的熱烈歡迎。這是才草創九年的修院，地處偏遠，原本因環境太艱難，修會決定放棄建院時，熱心的政府官員挽留他們，答應只要會士們留下來，無論需要什麼，他們都願意供應。因此，官員從阿蘭布拉宮引水過來，供修院使用，同時送來每天的食品。這是個貧窮和尚未建設的修院，若望沒有浪費半點時間，他聆聽、了解全盤的狀況，由此展開了六年豐收的序幕。

他忠於加爾默羅的生活，負責團體的靈修陶成，建設修院及花園，他也顧及赤足加爾默羅隱修女的靈修，甚至連在俗的教友需要他指導時，他也一視同仁給予幫助。這座偏遠山丘的修院，在他經營之下，開始來了不少尋求靈修指導的人，也湧來捐助的恩人。修院開始召收初學生，若望著手擴建會士的斗室，建造有方形中庭的會院。他的這座會院成為當時赤足加爾默羅會建造會院的最佳典範。若望修築花園，建築高架式的導水管，這個漂亮的水橋至今存留在那裡。殉道山修院的聲譽蒸蒸日上。

若望管理會士的原則是仁慈寬容，會士們很愛他，甚至認為若望比自己親生的父親更愛他們。有一次，若望不得不處罰一位違規的會士，罰他禁足斗室內，不許出來。然而，這位會士還受罰時，他面容不悅地對團體說：「我必須按會規給予處罰，可是，怎麼可能團體中沒有一個人，為你們的兄弟來向我求情，請求許可他出來?」

一五八四年，安大路西亞鬧飢荒，窮人不斷前來求助，若望院長下令，不准守門的弟兄讓人空手而回，無論如何，總要給點充飢的東西。甚至連礙於情面，不敢公開求援的人，若望也設法暗中幫助他們。

一則軼事

一五八五年，若望參加里斯本召開的大會，有一件軼事值得我們在此敘述。停留里斯本期間，若望喜歡帶著《聖經》到海邊散步，單獨地面對浩瀚無垠的大西洋。有一天，不期然地遇到一位與會的神父，他力邀若望與他同行，去看一位道明會的瑪利亞修女（Sr. Maria de la Visitación），因為她身上帶有五傷，還有各種奇特的現象。若望心裡有數，回答這位神父說：「離開這裡嗎？為什麼我要去看一個騙子……你會看到我們的主將如何使它暴露出來。」這神父去看那位五傷的修女，若望還是手握《聖經》，獨自徘徊海邊。

事實上，所有來開會的神父都勸他，甚至有位性急的神父，竟然對若望說：「她的精神與你不同，就是這樣，你才不要去看她。」大家陸續地去看那位修女，甚至帶回許多的「聖髑」，沾沾自喜，並且一再堅持，要若望也去看看她，若望毫不動容。直到離開里斯本，他完全沒有踏進那座道明會院。

回安大路西亞的路上，陪他同行的會士巴托羅梅神父（P. Bartolomé de San Basilio）也收集了些「聖髑」帶回，獲悉此事的若望要他全部丟掉。當他回到殉道山修院時，會士們急忙來打聽那位五傷的修女，而且還向他索取「聖髑」。若望回答：「我沒去看她，也不想去看她，因為如果我以為看那樣的事物，會增加一丁點的信德，那麼我的信德就是處在可悲的情況中。」不久，這個騙局被宗教法庭揭穿，並公諸於世。

使徒與作家

在殉道山修院期間，也就是在革拉納達的六年，管理修院、擴建修院、靈修指導、救濟窮人，若望是個隨時待命，完全付出的使徒，最後三年，一五八五——八七年，若望多了一項職務，他是安大路西亞的省會長，這個行政任務使他成為馬不停蹄的旅行者，到處視察修院，並指導隱院修女，這期間，計算他的行程，平均每日得步行或騎驢十五公里。我們很容易想一位默觀者，如山中的隱士，但是在十字若望的一生中，他的奔波勞碌非常的具體又明顯。

再者，他也是一位優質的作家，有人說，革拉納達是聖十字若望的書桌，的確沒錯！忙碌的使徒服事中，令人不可思議的是，他在此完成了幾部不朽的靈修著作。來到殉道山修院後，繼續他的《攀登加爾默羅山》和《靈歌》，同時開始寫《黑夜》。大約在一五八五年五月至一五八七年四月之間，在繁忙的使徒工作中，他以十五天的時間完成《愛的活焰》

第一版本。《活焰》是在如此的生命背景中完成的，聖十字若望對主對人的愛，在他生命的時時刻刻流露無遺。第二版本的修訂是在一五九一年，他逝世前的數月。為了深入了解他的心境，接下來要敘述一五八八——九一年的史實。

三、一五八八~一五九一 生命末刻

塞谷維亞

一五八八年六月，馬德里召開大會，若望被選為第一參議，同時擔任塞谷維亞修院院長。他終於從南方安大路西亞回到卡斯提，四十六歲的他，再度接下另一個重負。塞谷維亞修院是之前兩年才開始籌建的，和殉道山修院一樣，處於草創的階段，他必須處理房地產的問題，並擴建修院。當時，塞谷維亞是一個名城重鎮，居住此修院的成員，除了修院團體，初學生，還有讀書的修生，及管理全修會的行政團隊。若望是這四組人員的院長，他和諧地管理整座修院。

來到塞谷維亞，若望停止寫作，也沒有旅行，他完全投入這個大型又複雜的修院。此時的修會開始出現內部衝突，主要來自會長多利亞神父和古嵐清神父之間的對立，多利亞採取排擠古嵐清和報復修女們的立場。一五九一年六月馬德里召開大會，聖十字若望仗義執言，反對多利亞的決策，結果導致他失去總會參議及所有的任職，甚至決定派他帶領十一位會士前往墨西哥。六月廿五日，簽署了文件，由若望帶隊遠征墨西哥。雖說是若望自己樂意去的，事實上，大家心中有數，這是一種變相的排擠，刻意流放他到遠方。

多利亞很快改變心意，與其流放，不如留他完成塞谷維亞的建設工程。十字若望堅決辭謝，表示他願暫時退隱南方的培紐耶納（La Pe uela），待找到了十一位志願去墨西哥的神父後，啟程離去。其實若望向來反對選舉時的連選連任，從制定會憲開始，他就提出這點，但從來沒有得到重視和回應。

離開馬德里之前，有一天，會士們飯後散心，大家談些靈修的話題，十字若望開始說話，所有的人都受吸引。這時，有位會士名叫狄耶各．尹凡哲立斯大（Diego Evangelista），是剛剛當選上任的參議，就是說，所有的參議全都留任，只有若望的位置由這位年僅三十一歲的會士取代，他蔑視地告訴若望住口。若望以一種天上的寧靜，停止說話，且以一種超然的精神，彷彿沒有聽見什麼反對他的話，沒有說半句話回答他。正是這位三十一歲的狄耶各，冷酷無情地迫害若望，直到若望過世還不罷休。他到處搜察資料，要證明若望和修女們的不良關係，力圖把他驅出修會。

培紐耶納與烏貝達

一五九一年八月十日，若望來到了偏遠的培紐耶納修院。四十九歲的若望，此時內心的痛苦是不可言喻的。三十五歲時，因老、新修會的衝突，被關了九個月，受盡身體和心靈的折磨。如今，古嵐清和多利亞，兩位前後任的修會領導者，因理念及方向互異，兩者不能相容，修會內部互相衝突和分裂。若望再度首當其衝，古嵐清雖然有不對的地方，但若望無法接受多利亞對他無情的排擠和報復，為此，為了保護古嵐清，若望得罪了所有與會的神父。這真的是十字若望靈魂的高貴之處，我們知道，當古嵐清位居修會的領導者時，根本不把十字若望放在眼裡，若望不但不追究，反而在這樣的情況下，表明自己的立場。

繁華落盡，無官一身輕的若望，在孤寂的培紐耶納，想起自從二十五歲認識大德蘭，二十六歲加入革新修會，他賣命地為建立修會，完全投入，如今一夕之間，不只被貶，甚至被一位三十一歲的會士刻意抹黑，他的痛苦是心理和情緒的煎熬。他能說什麼?是的，他能說出更感人的話，就是在此時此刻，他修訂且完成了《活焰》第二版本。這本極美的書，是他生命的最後見證。他不但肯定第一版本所說的，而還更明確地強調一些重點，即使遭受如此的心靈煎熬，這不會亞於當年托利多牢房的痛苦，他仍然堅持天主無限溫柔的愛，仍然忠於他深愛的加爾默羅會，我們可以說，這本書的字字句句是真實的見證，而且是他生命的最後見證。

火災與兔子

若望停留在培紐耶納時，發生了一場可怕的火災。克利斯多帕修士（Cristóbal de Santa María）不小心使莊園著火，他雖使盡全力滅火，但終歸無效，於是搖鈴警告大家，眾人應聲而來，火勢已大到無法抑制。有人請求院長先把聖體領完，若望反對說：「不必這樣，這是不妥當的；再說，我們需要榮福聖體的助祐和保護！信賴上主的慈悲，這火不會給我們任何傷害。」接著，若望開始分派工作，有的去聖堂，在聖體前祈禱；有的把火導向相反的方向，以免燒及修院。若望走到外面，跪在葡萄樹籬和一些乾木柴的旁邊祈禱。火勢靠近，火焰甚至越過他的頭頂，若望依然靜止不動，繼續在和天主談話。說也奇怪，這火好像服從更高的命令，退了回去，火也滅了。

肇事的修士嚇死了，院長慌張失措，並且說，他一定要處罰克利斯多帕修士。若望根本不知道院長說了這話，但在看到這位肇事的修士這麼疲憊時，他說：「院長神父，好好安慰克利斯多帕修士，要宰一隻雞，煮好給他吃，因為他需要，他已經精疲力竭，又愁苦不堪。」

院長命令修士把聖堂的門打開，好使堂內的煙消散，門一打開，有一隻兔子衝出來，跑到花園，若望正和會士們在談話，這隻兔子立刻鑽到若望的膝上，其他的會士擰著兔子的耳朵，把牠抓出來，兩次鬆手後，這隻兔子又立刻鑽到若望的聖衣底下。

培紐耶納現在的名稱是卡羅利納（Carolina），在其廣場上有尊態像，聖十字若望微蹲雙手抱著兔子，就是紀念此一事蹟。當時的修院，後來蓋了一座聖堂，特別紀念一五九一年八月十日至九月二十八日，聖十字若望死前的三個月在此居留。

不久，若望因低燒不退，腿部發炎而離開培紐耶納，前往烏貝達就醫。十二月十四日逝世於烏貝達③。次年，一五九二年二月十七日，古嵐清神父被逐出修會。一五九三年十二月二十日，赤足加爾默羅會終於得到教宗的批准，得以成為獨立的修會，教宗指定多利亞為臨時的代理總會長。一五九四年四月，多利亞病死於前往馬德里選舉總會長大會的途中。五月廿三日，總會議選出厄里亞．聖瑪定（Elias de San Martin）為總會長。他是一位溫和的人，當十字若望告別馬德里，到培紐耶納的途中，曾在托利多修院和厄里亞神父長談，得到很深的安慰。厄里亞神父成為修會首任的總會長，他使修會的發展納入正軌。至於那位迫害聖十字若望的狄耶各．尹凡哲立斯大，在同年一五九四年六月初病逝，年僅三十四歲。

3. 關於聖十字若望的逝世及其他的生命故事，請參閱〈聖十字若望純愛的一生與著作〉，星火文化出版之《攀登加爾默羅山》p.350 － 352。

四、安納夫人

《愛的活焰》從一開頭，若望聲明「本書是詩節的註解，談論非常親密與純全的結合，及靈魂在天主內的神化，因培納羅撒・安納夫人（Doña Ana de Peñalosa）的請求而作此論述，這些詩節也是為她撰寫的。」並且緊接下來的序言，第一句話就是稱呼她為「非常高貴與虔誠的夫人」，所以，我們一定要向讀者詳細介紹安納夫人，否則這部分的史實和軼事會顯得很不完整。

慷慨的恩人

安納夫人出生於高貴的梅爾卡多（Mercado）家族，生長在塞谷維亞，嫁給培納羅撒家族的若望・古耶巴拉（Juan de Guevara of the Peñalosa）。一五七九年，先生過世，留下一個七歲的女兒瑪利安納（Mariana），不久女兒也過世，悲傷又孤單的安納夫人離開塞谷維亞，前往革拉納達，靠近她的兄弟路易斯（Don Luis del Mercado），他是城中最高法院的法官。

一五八二年元月二十日，當加爾默羅會修女到革拉納達創院，遭到困難，當地的屋主允諾將房屋給她們作為修院，卻在最後一刻加以拒絕。此時，正是安納夫人欣然讓出宅院的大半，歡迎修女們的來到。修女們在她的家裡住了七個月，她供應一切所需，為使修女有足夠的空間，她只留守在一個小小的角落。

她的慷慨和良善很快地得到豐盈的回報，因為在這群人當中，她結識了兩位傑出的會士，一是聖十字若望，另一是耶穌安納姆姆。安納夫人開始尋求若望的靈修指導，若望對她的要求極高，不只幫助她跨出悲傷的心情，也指導她邁向與主結合。

安納夫人的先生過世時，留給她一大筆遺產，希望她在塞谷維亞，即他們的出生地，以家族的名義建立一座醫院或隱修院。安納夫人和住在革拉納達的兄弟路易斯商量此事，他們一再地考慮這事，拖延了幾年。當他們達到決定要執行時，若望已經成了這家人的好朋友。安納夫人徵詢神師若望的意見，若望建議在塞谷維亞建立一座赤足加爾默羅男會院。這個提議得到安納夫人及她的兩位兄弟的同意。

塞谷維亞的建院恩人

一五八六年春，卡斯提的省會長國瑞神父（Gregorio Nazianceno），帶著兩位會士到塞谷維亞找土地，他們找到郊外一個廢棄的修院，買了下來，由安納夫人付款購置，稍加

4. 這裡指的是所購買的廢棄修院的正門，不是若望重新要擴建的修院。

修整後，一五八六年七月十二日正式成立。一五八八至九一年，若望擔任塞谷維亞院長，這座修院可以說是由他創立，重建和擴建的。最重要的，是安納夫人的慷慨奉獻，資助購買土地、建造修院及會士的所需。

安納夫人為了就近觀看修院工程的進度，也為了能有機會接受神師的指導，離開革拉納達，回到塞谷維亞。更有甚者，她既不住馬德里和塞谷維亞的豪宅，索性住到修院附近，她在修院④正門對面，隔著一道河流處，買了一棟房子，帶著她的侄女和隨從住了下來。安納夫人深深地渴望，將來有一天，她會埋葬在此聖堂，當然他的先生也會和她在一起，這裡是她永久的安息之處。而且出於對聖十字若望的感激和尊敬，她和她的兄弟路易斯得到會長神父及其參議的許可，將來無論「我們敬愛的神父（十字若望）死在哪裡，他珍貴的遺體都必須遺靈回到此（塞谷維亞）修院，在此受恭敬。」

忠誠的朋友

若望逝世後，安納活到一六〇八年，就是之後的十七年。她繼續幫助修院和聖堂的建造。不過，她和團體之間免不了有些磨擦。比如，她希望在修院的各處標示梅爾卡多與培納羅撒家族的徽章，團體反對她的要求，提出二個理由：許多的會士參與工程的建造，理當放上修會的徽章；處處放上培納羅撒家族的徽章，會使其他貴族朋友認為，培納羅撒家族已提供超足夠的建造資金，因而撤回他們的奉獻。總之，無論什麼樣的磨擦，來自什麼理由，安納夫人還是繼續給予幫助，堅定地盼望將來安息於此。加爾默羅會的長上們也實現了對她的許諾，帶回聖十字若望的遺體。「（聖十字若望逝世後）九個月後，由於安納夫人獲准移靈至塞谷維亞修院，派人前來，打開墓穴，發現聖十字若望屍身完好，彷彿才下葬一般。移靈者不敢輕舉妄動，隨即再次封墓，兩年之後才正式將若望的聖身遷至塞谷維亞。安置之前，因民眾的請求，得於聖堂中瞻仰，八天之久，聖身散發香氣，滿堂芬芳，令人稱奇不已，讚美天主。」

聖十字若望的一生中，有三位女士在他的生命中留下深刻的痕跡，首先當然是他聖善有德的母親，在赤貧中扶養他，讓他受到良好的培育，繼而答覆天主的召喚。第二位是聖女大德蘭，影響他畢生投入加爾默羅會的革新重整，第三位就是這位安納夫人，她能透視若望的聖德，敬愛他如同一位聖人，接受他的靈修指導，她也忠誠慷慨地回報，無論從哪方面來看，她真的有十足的理由得到若望題獻給她《愛的活焰》，她也確實是「非常高貴與虔誠的夫人」。

結語

深入地探索聖十字若望生命的最後十年，我們不得不對《活焰》書中的字句感動和驚嘆，這些話從他生命流露出來，這個充滿愛的靈魂其實就是若望本人，是他毫無保留的自我剖白，也是他生命的最後見證。這部美麗的《活焰》道盡神人結合的最境界，關永中教授在序言中稱為「靈修小百科」，何瑞臣教授說：「它包括若望論及靈修旅途的全部教導」，的確，小小的《活焰》，是若望全部著作的完結篇，寫下了淨化的終點，旅途的終點，甚至也可以說，聖女大德蘭的《靈心城堡》最深的住所是第七重住所，若望的《活焰》則是第八重住所。

† † †

譯者的話

二〇〇〇年，上智出版了《愛的活焰》，此譯本已經告罄，星火文化此次計劃重新再版，原譯主要根據英文譯本，趁此再版之際，譯者根據西班牙文原著，重新逐字校對修正。

整理之後，看到此書能更整全又清楚地呈現給華文讀者，深感喜悅，一切的辛勞都是甜美和值得的。

非常感謝房志榮神父再次審閱，在〈引言〉裡寫了不少鼓勵的話語，這麼一位慈愛的長者，其博學、謙虛的風範，令我汗顏，對他更是無限的敬佩和讚嘆。自從開始翻譯以來，長上邀請房神父為我校稿，屈指算來，至少二十餘年，他總是欣然樂意地幫助我，給我很大的支持和鼓勵。

邀請關永中教授為本書寫推薦序時，他謙辭說，聖十字若望是鼎鼎大名的教會聖師，他的書根本無須推薦。我答道，對您來說，確實是這樣，但事實上，就我所知，認識聖十字若望的教友並不多……。於是，他很快地寫了個超迷你的序言。專研聖十字若望的他，形容此書是靈修小百科，真的是一句很行家的用語，沒錯，這是聖十字若望全部著作的小百科，也是論述靈修最高境界的寶典。

美籍的何瑞臣教授（Prof. Richard Hardy）熱情豪放，不只是靈修的專家，更是加爾默羅靈修的宗徒，雖已年屆七五，仍到處奔波，遠至澳洲、亞洲講述聖女大德蘭、聖十字若望、聖三麗沙……等聖衣會聖人的靈修。一接到邀請時，他說：「I will be more than happy to write an intro for The Living Flame.」（我極樂意為《愛的活焰》寫序言）

〈序言〉很快寫好，我將之譯出，心想，會有誰讀了他寫的序，看不出他是個專家呢？

這是不可能的。據我所知，他已無數次對著隱修女、神父、修會會士、平信徒、甚至是基督新教，如香港的道風山……，講解過這本他最愛的書。書中的內容他熟悉極了，談起來，彷彿如數家珍。文中，他給予本書極高的評價，事實如此，此書是聖十字若望的最愛。

† † †

幾句話

教宗若望保祿二世在他的博士論文中寫道：「聖十字若望著書立論的觀點，並非學者式的探究，也不是為了更高深的研究，他寫書的目的是指導默觀者走向與天主結合。」（*Karol Wojtyla, Faith according to St. John of the Cross*）

聖十字若望奉獻畢生的歲月，協助聖女大德蘭革新加爾默羅修會，聖女大德蘭稱聖十字若望為「我靈魂的父親」，雖然她比聖人年長廿七歲，在聖人的指導下，聖德蘭達到神婚的境界。聖女小德蘭病重垂危的期間，最能安慰她的書是《愛的活焰》，當小德蘭只有十七歲時，已經熟讀了聖十字若望的著作。真福聖三麗沙也是聖十字若望的熱愛者，她在斗室內時時閱讀《愛的活焰》和《靈歌》的合訂本，她說，這是一本非常需要的書。聖人的著作滋養加爾默羅會士的心靈，引導會士接受徹底的心靈淨化，獻給天主神聖而純潔的心，不斷地生活在天主面前，因而能藉默觀祈禱的生活服務聖教會。

《愛的活焰》是聖人晚期的作品，繼《靈歌》之後寫成的。他在序文中說：「這些詩節談論的是同一神化境界內的愛，這愛具有更深的特質，也更形成全。雖然，這是真的，它們與所說的那些詩節（指《靈歌》）都是同一的神化境界，人也不能超越這個境界，可是假以時日和修行，如我說的，愛能更優質。」（序言3）根據聖人在〈序言〉中所說的，神化就是榮福聖三居住在人靈內，提拔人成為天主。聖人並且說，不要認為這是不可理解的事，因為主基督在福音中說：「凡愛祂的人，聖父、聖子和聖神要在他那裏作祂們的住所。」（若十四23）

神化之境，也就是和榮福聖三結合的境界。《靈歌》是以尋找天主，「心愛的，祢隱藏在那裏？」作為開始，然而《愛的活焰》卻從一開始就已灼燃在結合的火焰中。註解《愛的活焰》，聖人的開場白是：「靈魂已自覺在神性的結合中整個燃燒起來，她的味覺完全沐浴在光榮與愛中，在她的實體極深處，流溢出來的無非是光榮的河流，歡愉滿盈。」（1．1）靈魂已體驗到自己在神性的結合中被焚燒。

按聖十字若望的看法，結合的境界是靈魂在聖神的愛火中焚燒，如果假以時日和實行，當這愛具有更深的特質，也更強烈時，會從燃燒的火焰中爆裂出來愛的活焰。難怪聖人在序言中說：「解釋這四段詩節，我委實感到有些抗拒之情，因為，這些是極為內在和屬神的事，通常乏辭可陳——由於屬靈之事凌駕感官——我覺得難於述說其本質之一二。」靈魂所體驗的不只是普通的結合，而且是一個更崇高的境界，靈魂完全被愛火焚化，成為活的火焰，他被神化成為天主，已經和榮福聖三成為一體。

本書深刻地描述了在結合的過程中，聖父、聖子、聖神在靈魂內的工作，所留下的效果，以及靈魂預嚐的天堂榮福。無疑地，這些是聖十字若望個人默觀經驗的自然流露，他所寫的書只有一個目的，就是把人帶入天主聖三的懷抱。

感謝國際知名的攝影家范毅舜提供封面圖，遠在美國東岸，還是這麼熱誠慷慨，直爽地說：「需要什麼圖檔，如果沒有現成的，請讓我知道想要什麼，我願特別為你們拍攝或製作……」他的無私關心和幫助很令人感動。除此之外，念及隱院的修女們，還有鼓勵關心我的許多親朋好友，數不盡的感恩在心中迴響，祈求天主以祂的無限聖愛給予回報。願光榮歸於父及子及聖神，起初如何，今日亦然，直到永遠，阿們。

本書根據西班牙原文 *San Juan De La Cruz Obras Completas.* Revisión textual, introducciones y notas al texto: Jose Vicente Rodrigues Introducciones y notas doctrinales: Federico Ruiz Salvador. 5a Edicion Critica（Editorial de Espiritualidad, Madrid, 1993），及英譯本的《聖十字若望全集》*The Collected Works of St. John of the Cross.* Trans. by Kieran Kavanaugh & Otilio Rodriguez, with introductions by Kieran Kavanaugh.（Washington, D.C.：ICS, 1991）及 *The Completed Works of St. John of the Cross.* Vol. I, Trans. by E. Allison Peers（Newman, Westminster, Maryland, 1953）。最後，ICS 發行的「St. John of the Cross/A Digital Library/Spanish Texts and Translations/Version 1.0」其中包括：1）*San Juan de la Cruz Obras Completas* Edited by Eulogio Pacho。2）*The Complete Works of St. John of the Cross* Trans. By E. Allison Peers。3）*The Collected Works of St. John of the Cross* Trans. by Kieran Kavanaugh, O.C.D. and Otilio Rodriguez, O.C.D.。給予譯者很大的方便。我們特別感謝美國華盛頓特區的加爾默羅會神父（Washington Province of Discalced Carmelites ICS Publications 2131 Lincoin Road, N.E. Washington DC 20002 — 1199 U.S.A. www. Icspublications.org）的授權翻譯⑤。

5. Washington Province of Discalced Carmelites ICS Publications 2131 Lincoin Road, N.E. Washington DC 20002 — 1199 U.S.A. www. Icspublications.org

愛的活焰

JESÚS MARÍA JOSÉ

本書是詩節的註解，談論非常親密與純全的結合，及靈魂在天主內的神化，因培納羅撒・安納夫人（Doña Ana de Peñalosa）① 的請求而作此論述，這些詩節也是為她撰寫的。

序言

① 高貴虔誠的夫人，由於您的請求，解釋這四段詩節，我委實感到有些抗拒之情，因為，這些是極為內在和屬神的事，通常乏辭可陳——由於屬靈之事凌駕感官——我覺得難於述說其本質之一二；也因為，若不是具有親密的心靈，必定無法善論此心靈的親密。由於我缺乏像這樣的親密，致使使本註解延擱至今，現在，天主彷彿已揭示我些微知識，

1. 安納夫人（Doña Ana del Mercado y Peñalosa）是塞谷維亞人，1579 年，她的先生（Juan de Guevara of the Peñalosa）過世，留下七歲的女兒 Mariana。不久女兒也過世，孤單的安納夫人移居革拉納達。當加爾默羅會隱修女到革拉納達創院時，安納夫人慷慨地接待修女們七個月，也因此結識了耶穌・安納姆姆和聖十字若望，1582 年，若望開始指導安納夫人。

也惠以熱忱。這必是因您的聖善意願所致；或許，由於我為您題寫這些詩節，所以至尊陛下願意我為您註解。

令我鼓舞的，是我確實明白，憑己之力，我之所言必一無價值，何況涉及如此崇高與實質的事理！所以，本註解中所有不好與錯誤之處，全歸於我；也因此，本書遵從羅馬天主教慈母聖教會的審斷與高明指教，謹守聖教法規，沒有人會犯過。本書依據聖經，也這麼認為，讀者明白凡我所提之事，與本體實相相去甚遠，猶如圖畫之於呈現的實物，所以，我將冒昧明言所知。

② 天主樂於賜給靈魂這麼崇高和奇異的恩惠，不必感到訝異；因為，如果我們仔細思量，祂是天主，且使靈魂如同天主，賜予無限的愛與慈惠，對我們而言，並非不可理解的。因為祂曾說，凡愛祂的人，聖父、聖子和聖神要在他那裏作祂們的住所（若十四23）；致使他們生活並居住在聖父、聖子和聖神內，度天主的生命，如同靈魂在這些詩節裡解釋的。

③ 雖然在前面註解的詩節中[2]，我們談到，在今生人能達到成全的最完美等級，亦即在天主內神化，這些詩節談論的是同一神化境界內的愛，這愛具有更深的特質，也更形成全。雖然，這是真的，它們與所說的那些詩節[3]都是同一的神化境界，人也不能超越這個境界，可是假以時日和修行，如我說的，愛能更優質，也更實質。這就好像，雖然火燒透木頭，焚化木頭，且和之結合，更有甚者，當火燒得更熾烈，更長久時，木頭被燒得通

2. 顯然是指《靈歌》的註解。由這句話可以推斷，安納夫人清楚知道他說的這些詩節。作者在《靈歌》31・7提到「解釋『啊！愛之活焰』四首詩節開端時，我們說了些……」。《靈歌》22 － 40節，所談論的是相同的神化結合。
3. 指《靈歌》。

紅而燃燒起來，直到發出火光，射出火焰。

④ 須知，此處所說的靈魂已達到這樣的燃燒程度，在愛火內，其內在這麼的被焚化與優質化，她不僅和這個火結合，也在她內射出活的火焰。這就是在這些詩節中，她所感受和所說的，充滿愛的親密與柔巧的甜蜜，在愛的火焰中燃燒，這些詩節也強調產生在她內的某些效果。在本註解中，我要採用過去使用過的格式：先引述全詩；其次，分別列舉各詩節後，附以扼要的解釋；最後列出每一行詩句，並且加以註解。

革拉納達赤足加爾默羅會　十字若望會士

靈魂與天主親密結合時詠唱的詩歌

一、啊！愛的活火焰，
溫柔地觸傷我的靈魂
至深中心點！
既然祢已不再壓抑，
瞬即團圓！若是祢願意：
撕破此紗甜蜜相遇！

二、啊！溫柔的燒灼！
啊！歡愉的傷口！
啊！溫和的手！啊！柔巧的接觸，
永恆的生命得以品嚐，
所有的債務全部償還！
經歷死亡，祢以生命變化死亡。

三、啊！火的明燈！
在祢的光輝中，
感官的深奧穴洞，
昔隱且盲，今放光芒，
完美絕倫地，
一起獻給心愛主溫暖與明光。

四、多麼的溫柔與深情！
祢在我的胸懷裡清醒！
在那裡，祢獨居幽隱；

4. 事實上，這不是波思卡的詩，而是賈西拉索（Garcilaso）的。這兩位詩人的作品並放，而一般所謂的「波思卡」指的包括這兩位詩人的詩作。Sebastían de Córdoba 於 1575 年在革拉納達（Granada）出版 Las Obras de Boscán y Garcilaso trasladas en materias cristianas y religiosas，在他的書中，他賦予他的詩作宗教的意涵。若望引述的是前三詩行，其他三行如下：

在祢愉悅的噓氣裡，
幸福與光榮滿溢，
祢多麼柔巧地傾心迷戀我！

這些抒情詩的撰寫，如同波思卡（**Boscán**）的詩，已轉化成神性的意涵，如下：

La soledad siguiendo,
llorando mi fortuna
me voy por los caminos que se ofrecen, etc.

這些詩節有六個韻腳；第四行與第一行諧韻，第五行與第二行，第六行與第三行。④

第一詩節

啊！愛的活火焰，
溫柔地觸傷我的靈魂
至深中心點！
既然祢已不再壓抑，

Mis ansias proponiendo
a la que es sola una,
por quien los bienes en el alma crecen.
中譯如下：行走於孤寂中，/ 痛哭我的命運，/ 步上展現的前路。/ 訴說我熱切的渴慕，/ 對著惟一的那位，/ 經由這位，我靈魂的福份更加豐沛。

瞬即團圓！若是祢願意：
撕破此紗甜蜜相遇！

註解第一詩節

① 靈魂已自覺在神性的結合中整個燃燒起來，她[5]的味覺完全沐浴在光榮與愛中，在她的實體極深處，流溢出來的無非是光榮的河流，歡愉滿盈，感到「**從他的胸懷流出活水的江河**」（若七38），天主聖子說過，將在這樣的靈魂內湧流活水的江河，可以說，由於靈魂這麼強有力地在天主內神化，這麼徹底地被天主占有，盛裝著這麼富裕的恩寵與德行，使得靈魂這麼靠近真福，彷彿只相隔一層薄紗。

當靈魂看見那愛的柔巧火焰，在她內燃燒，每一次襲擊她時，彷彿要以溫柔和威能的光榮顯耀她，如此這般，每一次吞沒和襲擊靈魂時，彷彿就要賜給她永恆的生命，快要撕破塵世生命的薄紗，只差一點點，而為了這個一點點，靈魂得不到實質的榮福，她懷著熱烈的渴望告訴火焰，亦即聖神，請祂立即撕破這塵世生命的薄紗，為獲得那甜蜜的相遇，藉此祂真的會通傳所有，亦即每次相遇時，似乎快要賜予的永恆榮福和成全。因此，靈魂說：

5. 對聖十字若望來說，靈魂意指所有的人，是基督的新娘，所以本書中，靈魂皆以陰性名詞稱呼。

啊！愛的活火焰！

②　靈魂為了強調這四段詩節述說的情感與珍視，在全詩中使用這些語詞：「啊」和「多麼」，表示強調深切的愛；每次說出這些語詞，就是表示超乎言詞的內心情境。「啊」表示強烈的渴望，用以說服熱切懇求的事，並且為了這兩個效果，靈魂在本詩節中使用「啊」，表示親密且強調靈魂的極大渴望，說服愛來舒解他。

③　這愛的火焰是淨配的神靈，也就是聖神，靈魂感到聖神在她內，不僅覺得，如同火在溫柔的愛內燒透和焚化她，而且如我說的，在她內燃燒，迸發火焰；那些火焰，每當倏忽燒起時，使靈魂沐浴在光榮中，也在神性生命的特質中使靈魂更新舒暢。

在神化於愛的靈魂內，聖神的行動是這樣的：祂在靈魂內施行的動作是冒出飛耀閃閃的火焰，這些是愛的灼燃焚燒，在其中，靈魂的意志與火焰結合，無比卓絕地愛著，在愛內和那火焰合而為一。

因此，靈魂的這些愛的動作極為寶貴，其中一個動作的功勞與價值，比盡其一生卻沒有這種神化的人，所完成的全部事功還要多，無論他可能完成何等的豐功偉業，等等。

習慣與動作，和在愛內焚化與愛的火焰之間的不同是一樣的；恰如燃燒著的木頭，與從木頭中飛躍出來的火焰，兩者間的不同，因為火焰是已存在那裏之火的效果。

④為此，處在愛之神化境界的靈魂，我們能說，他的平常狀態有如不斷被火襲擊的木頭；而此一靈魂的這些動作，是從愛火中爆裂出來的火焰，結合之火愈熾烈，也就愈猛烈地焚化為火焰，意志的動作在這火焰中結合和上升，在聖神的火焰中神魂超拔、全神貫注，猶如「**天使在瑪諾亞獻祭的火焰中上升於天主。**」（民十三20）

所以，在這境界中的靈魂不能作出動作，因為聖神主導並推動靈魂朝向一切的動作；為此，她的一切動作都是神性的，因為是經由天主來推動和完成的⑥。

因此，靈魂覺得，每一次燃燒飛躍出這個火焰，都使她懷著神性的風味和特質去愛，這火焰給予他永恆的生命，因火焰高舉她進入在天主內的天主行動。

⑤火焰就是言語，是天主在那被煉淨、潔淨且完全灼燃的靈魂內說的話。如達味說的：「**祢的言語猛烈地燃燒。**」（詠一一八140），先知也說：「我的話豈不是像火？」（耶二三29）正如天主藉聖若望說的，這些話「**就是神，就是生命**」（若六63）；這神與生命被那有耳聆聽的人所領悟，那些靈魂，如我說的，是潔淨和熱愛的靈魂；凡沒有健全的味覺，反而喜愛其他事物的人，不能享受天主言語中的神與生命；的確，天主的言語使他們厭惡反感。

因此，天主的言語愈是崇高，對那些不純淨者愈乏味可嘗，一如祂宣講無上卓越、充滿愛情的聖體道理時所發生的，因為「**許多人離去了**」。（若六61－64）

6. 作者在此描述的理想和和經驗，如他在另一處提及的，完全落實於榮福童貞聖母。（《攀登加爾默羅山》3・2・10）

⑥ 不要因為那些人嘗不到天主的言語，即天主在人內說的，就認定別人也嘗不到，如這裡所說的，聖伯鐸在他的靈魂內嘗到了，那時他對基督說：「**主！惟祢有永生的話，我們去投奔誰呢？**」（若六68）還有撒瑪黎雅婦人，由於天主言語的甜蜜，竟使她「**忘記了水和水罐**」。（若四28）

因此，這靈魂這麼地靠近天主，在愛的火焰中神化，在其中，通傳給他聖父、聖子和聖神，怎麼能說，享受永恆生命的預嘗，是不可置信的事呢？雖然，她並非完美地享受永生，因為今世的境況不許她如此。可是，那聖神在靈魂內燃燒飛躍出火焰，導致的愉悅是這麼崇高，使他明白永恆生命是何等的滋味。所以，他稱這個火焰是「**活的**」，並非這火焰不是經常活的，而是因為它造成這樣的效果；它使靈魂靈性地生活於天主內，且以達味所說的方式：「**我的心靈與肉軀歡躍於生活的天主。**」（詠八三3）達味不是因為必需，才說天主是生活的，因為天主常是生活的，他是為了表示，心靈與感官已經在天主內轉化，以一種生活的方式享受天主，就是品嘗到生活的天主，這就是，天主的生命和永恆的生命。達味在此說：「**生活的天主**」，不是為別的，只因為他活生生地享受天主，雖然未臻完美，卻彷彿隱約地看見永恆的生命。

因此，在這火焰中，靈魂對天主的感受這麼栩栩如生，這麼愉悅和溫柔地享受祂，靈魂說：啊！愛的活火焰！

溫柔地觸傷

⑦ 意思是：以祢的熱愛溫柔地接觸我。因為，只要這是神性生命的火焰，以天主的生命溫柔地創傷靈魂；同樣這麼深地創傷和感動靈魂，使她在愛內消解溶化，因為《雅歌》中新娘說的話應驗於她，她這麼地受感動而消溶，所以新娘在那裡說：「**愛人一說話，我的靈魂即刻溶化。**」（歌五6）因為天主的話語，就是祂在靈魂內產生的效果。

⑧ 但是，由於靈魂被愛火全然燒灼，在她內沒有留下絲毫可以被創傷之處，又怎麼能說：「**火焰創傷她呢？**」

這是神奇奧妙的事，正如愛從不愉懶，而是繼續不停地行動，如同火焰，經常處處燃燒飛躍出火焰；至於火焰，它的任務為了激發愛情及使人愉悅而灼傷，在這靈魂內宛如活的火焰，快速地灼傷靈魂的傷處，好似靈巧之愛的最溫柔明輝，喜樂與歡慶地玩耍著愛的藝術與遊戲，如同薛西斯王在王宮中，為艾斯德爾舉行的婚禮盛宴（艾二17）。天主在那裏顯示祂的恩寵，揭示祂奇偉的富裕與光榮，因為祂在靈魂內完成《箴言》中所說的：「**我天天歡喜愉快，不斷在祂面前歡躍，歡躍於塵寰之間，樂與世人共處。**」（箴八30－31）這就是賜給他們我的歡愉。因此，這些傷口是天主的遊戲，是溫柔接觸的火焰，從愛火中一燃燒，立即接觸靈魂，它們不是懶散的。

因此，靈魂說，這些火焰襲擊且創傷

我靈魂的至深中心點！

⑨ 因為舉行此聖神的宴會，是在靈魂的實體內，那地方既非感官的中心點，也非魔鬼所能抵達之處；所以，它愈安全、實質、歡愉，就愈內在；因為愈內在，就愈純潔；愈純潔，天主也愈豐沛、頻繁、慷慨地通傳祂自己。因此，靈魂與心靈的歡愉和享受也愈強烈。因為天主是諸事的施行者，靈魂什麼也沒有做。由於，除非經由身體的感官，藉它們的協助，靈魂不能做什麼，但在這事上，靈魂非常自由，非常遠避感官，現在她的惟一事務，只是接受天主，惟獨天主能在靈魂深處完成工作，無需感官的幫助，在她內工作並推動靈魂。這樣，這靈魂的所有行動都是神性的；雖然是天主的（行動），也是靈魂的，因為天主做這事是在她內，和她一起，由於靈魂給出她的意志和同意⑦。

那麼，因為說火焰創傷「靈魂的至深中心點」，表示靈魂還有其他不是這麼深的中心點，我們要指出這話有何含意。

⑩ 所以，首先須知，靈魂是精神體，不像定量的身體，有其存有的高低深淺；既然沒有部分，對於其內與外也就無所分別，她沒有定量性深度的等級，全部都是一樣的；因

7. 本詩節中，及大致上整本《活焰》提到「靈魂的實體」時，指的是一個人存有的最深與最親密的部分。

為，不像物質性的身體，能在某處接受光照，比其他地方更多，而是以同一的強弱程度接受光照，如同空氣，受到完全一致的或多或少的光照。

⑪ 在事物當中，那些我們稱為「至深中心點」的，是指它的存有與能力，以及它的作用與行動能達到的最遠之點，而且不能越過那裡；就像火或石頭，具有必須達到其中心點的自然能力和運動，但是它們不能超越中心點，也不能沒有達到而停留在當中，除非遇到某個對立和猛烈的阻礙。

因此，我們說當石頭落地時，雖然不是在最深的中心點，也多少是在中心點上，因為它是在其中心、活動、行動的範圍內；但是我們不說已達到至深的中心點，因為這是在地球的中心；為此，它經常具有能力、力量和傾向走向更深入，一直達到極端和至深的中心點，只要它前進的障礙被消除；那麼，一旦達到極端，它不再有更多的能力或傾向朝向更遠的行動，我們說它是在至深的中心點。

⑫ 靈魂的中心點是天主，當她按照其存有的所有能力，及其作用與傾向的力量，達到了天主時，她將會達到她在天主內最後與最深的中心點，她會以全部的能力認識、愛慕和享受天主。當她尚未達到像這樣的地步時，如同在此塵世所發生的，靈魂不能以全部的力量達到天主，雖然靈魂是在她的中心點——亦即天主，藉著恩寵，也藉著祂的通傳，使她處在中心點——，她仍然有更向前進步的行動與力量，也不滿足，雖然是在中心，但並

不是在她的至深中心點，因為她還能更深入天主。

⑬ 那麼，值得注意的是，愛是靈魂深入天主的傾向，也是她邁向天主的力量和能力，因為經由愛使靈魂與天主結合；這樣，她擁有的愛情等級愈高，就愈深入天主，也愈專注於天主。所以，我們能夠說，天主可能達到靈魂的中心有多少，就有多少愛天主的等級，其中一個深似一個；因為一個更強烈的愛，就是一個更具結合力的愛，我們可以這樣瞭解天主聖子說的，「**在我父的家裏有許多的住所**」（若十四2）。

為此，當靈魂處於她的中心——亦即天主，如我們所說的——這就足以使她擁有一級的愛，因為單靠這一級，她藉著恩寵與天主結合。她如果有二級的愛，會在另一個更深的中心與天主結合，全神專注於天主；若是達到三級，他必會全神貫注於第三級；如果達到最後的等級，天主之愛的創傷，將會達到靈魂的最中心與最深的點，這就是按照她全部的存有、能力與德行，按照領受的包容力，神化與淨化她，直到她顯示出如同天主。確實這樣，當光照耀在清潔又純淨的水晶上時，光度愈強，水晶凝聚的光明愈豐富，水晶也愈明亮；因為水晶所得的豐沛光明，能使水晶極為光輝燦爛，宛如全然是光明，呈顯出與光明毫無分別，水晶按其全部的能力接受光照，因此顯示出如同光明本身。

⑭ 所以，當靈魂在此說，愛的火焰創傷**她的至深中心點**，就是說，只要火焰達到靈魂的實體、能力和力量時，聖神襲擊並創傷她。她這麼說，不是因為想要在此表示，這如

同來世對天主的榮福直觀，那麼的實質與完整，因為，雖然靈魂在此塵世的生命中，能達到這麼崇高的成全境界，如這裡所說的，她達不到，也不能達到完美的榮福境界；雖然，或許以被動的方式，天主可能賜給他一些相似的恩惠；不過說這話是為了表明，在這種聖神的通傳中，她感受到大量又豐盈的歡愉與光榮。這個歡愉愈豐盈，愈溫柔，靈魂也愈強有力和實質地被神化，並且凝神專注於天主；由於這樣，彷彿是現世的生命能達到的最深之點（雖然，如我們說的，不是像來世那麼成全），他稱之為**至深中心點**。

雖然在今生，靈魂擁有的愛德習性（hábito），或許能如同來世那樣成全，不過，今生愛德的作用和福樂，必不會如同來世。雖然在此境界，愛德的作用與福樂增強到如此的地步，極其相似榮福的境界；正是如此的相似性，靈魂才敢說，她那只敢在來世肯定的話，這就是：「**我的靈魂至深中心點**」。

⑮ 因為這些事是稀罕的，也是很少有的經驗，它們極其奧妙，卻不易令人相信，這些就是我們要說的處在此境的靈魂，我不疑惑會有一些人，憑自己的知識無法了解，憑經驗也不知道它們，這些人或許不相信，或認為言過其實，或以為不如其真實的本體。

但是，我要回答這些人說：「**光明之父**（雅一17），**豐沛地普施自己，如同陽光普照，毫不小氣，天主不看人的情面**（宗十34），**無論那裏有空隙，祂經常喜悅地沿著大街小巷顯示祂自己，既不遲疑，也不以為歡躍於塵寰之間，歡樂地與世人共處**（箴八31）**不甚重要。**」

所以，不應該認為處身在困苦、折磨和種種考驗的火中，被試驗、煉淨和磨難，並且在愛內忠信於天主的靈魂，應驗了天主聖子的許諾是不可置信的。這許諾就是，凡愛祂的人內，至聖榮福聖三要來居住在他內（若十四23）。榮福聖三居住在靈魂內，就是以聖子的智慧，神性地光照她的理智，使她的意志歡欣於聖神，並且在聖父深不可測的溫柔懷抱中，強勢又威能地吞沒她。

⑯ 如果天主這樣對待某些靈魂，真是祂的作為，應該相信我們說的這個靈魂，對於天主的這些恩惠，不會是落後的；因為目前我們所解釋的，關於聖神在她內施行的活動，遠超過在愛的通傳與神化中所發生的；因為，一個相似熾燃的木炭，而另一個，按照我們已說過的，如同這麼著火的木炭，不只熾烈焚燒，而且射出活的火焰。

因此，這兩種結合——單單愛的結合，及與燃燒的愛之結合——多少可比喻為**熙雍山上的天主之火**，及**在耶路撒冷的天主的熔爐**，如依撒意亞說的（依三一19）；一個象徵戰鬥的教會，愛德的火還沒有灼燃到極點，另一個象徵**和平的直觀**⑧，就是勝利的教會，這裏的火彷彿在成全的愛中，熾燃燦爛的火爐。

雖然，如我們說的，這個靈魂尚未達到像這麼完美的境界⑨，可是，和另一個普通的結合相比較，這個結合相似熾燃燦爛的熔爐，呈現出更和平、光榮、溫柔的景象，正如火焰比燃燒的木炭更明亮，也更輝耀。

8. 若望可能在此念及奉獻聖堂的第一晚禱讚美詩：coelestis urbs Jerusalem, beata pacis visio，亦即「天上的耶路撒冷城，和平的榮福直觀」。
9. 譯按，指前述的勝利教會。

⑰ 因此，這個靈魂感受到這愛的活焰，栩栩如生，通傳給他所有的美善，因為這神性的愛伴隨一切的事物而來，說：「**啊！愛的活火焰，溫柔地創傷！**」

這彷彿是說：啊！熱烈燃燒的愛，因祢愛的行動，祢按照我靈魂的最大包容力和力量，愉悅地光榮我；就是說，按照我理智的所有能力與包容力，賜予神性的認識，也按照我意志的最大能力通傳愛情，並在祢神性的接觸和實體的結合中，按照我實體的最大純潔，及我記憶的包容力和寬度，以祢愉悅的洪流，使我靈魂的實體歡愉！

所發生的就是這樣，當這個愛的火焰在靈魂內湧現時，是遠非人能用話語說出的。靈魂的實體與官能（記憶、理智、意志）已被徹底煉淨，如智者說的，神性的實體，以其純潔、深奧、微妙、卓絕，接觸所有的地方[10]，以神性的火焰吞沒靈魂於其內，靈魂被智慧吞沒，沉浸在智慧中時，聖神放射出閃爍的榮福火焰，由於這個火焰如此地柔和，靈魂接著說：

既然祢已不再壓抑

⑱ 就是說：既然祢已不再折磨我、壓迫我，也不使我疲累，如同先前對待我一般；因為要知道，當靈魂還處在心靈煉淨的階段，就是開始要進入默觀時，天主的火焰並非這麼友善與柔和地對待他，如同處於結合之境的現在。為了解釋這是怎麼回事，我們必須稍

10. 參閱智七 24：實在，智慧比一切活動更為活動；她是如此精純，能滲透深入一切。

微耽擱一下[11]。

⑲ 關於這事，應該知道，這個愛的神火尚未導入，及一個人在其靈魂的實體，還沒有達到完全的煉淨和純潔之前，這個火焰，亦即聖神，會創傷靈魂，消除和摧毀惡習的不成全；這正是聖神的活動，祂如此地預備靈魂，為使他達到神性的結合，及在天主內的轉化與愛。

因為要知道，這個後來要光榮靈魂，和靈魂結合的愛火，正是先前以煉淨襲擊他的愛火；同樣，燒透木頭的火，也是開始時襲擊木頭的火，它先以火焰創傷木頭，使之乾燥，剝除不雅的特質，直到木頭完全被燒透，焚化成為火。

神修家稱此為煉淨之路。在煉淨的路途中，靈魂遭受許多的損傷，也感到心靈的沉重痛苦，這通常會流溢到感官，因為這火焰是非常壓抑的。因為在此煉淨的預備中，這個火焰對人並非明亮，而是黑暗——如果有時候，它放射一些光明，只是為了是使靈魂看見，並感受自己的可憐與缺點——；也不是柔和的，而是艱苦的，因為，雖然有時候賦予愛的溫暖，卻伴隨折磨和壓迫；它也不是歡愉，而是乾枯的，雖然有時候，天主以慈善施予一些歡愉，是為加強和鼓舞她，她卻在事情發生的前後，遭受其他很多的磨難；這火焰既不清爽，也不平安，而是焚燒耗盡、爭吵不和，使人因自我認識而沮喪和痛苦；這樣。靈魂不是光榮的，因為，在賜給她認識自我的心靈明光中，她反而是可憐和痛苦的，如耶肋米亞說的：「天主

11. 若望在此重新探討靈魂達此高境前的經歷，稍微離題談論《黑夜》的中心主題，即淨化。

從天降火，深入他的骨骸，並且教導了他。」（哀一13）達味也同樣說：「天主以火鍛練他。」（詠十六3）

⑳ 因此，處在這個階段，靈魂所忍受的，在理智方面，很大的黑暗，至於意志，則是嚴厲的乾枯與折磨，記憶充滿對自我可憐的深刻認識，致使心靈的眼目使她非常清楚地認識自我。在靈魂的實體裏，她忍受被遺棄和至極的貧困、乾枯和冷淡，及有時炎熱，找不到任何的舒解，什麼安慰的思想也沒有，甚至不能向天主高舉心神，這個火焰這麼地壓抑她。相似約伯所說的，天主施予他的作為：「祢已經改變，殘酷地對待我。」（約卅21）因為，當靈魂同時遭受這些痛苦時，他真的覺得天主對她既殘酷又嚴厲。

㉑ 這時，靈魂的痛苦不能再被誇大，要知道，這幾乎無異於煉獄的苦。現在我不知道如何表達這壓抑是多麼嚴厲，及她的經歷與感受達到何等地步，除了說耶肋米亞對此所說的話：「在上主盛怒的鞭責下，我成了受盡痛苦的人；祂引我走入黑暗，不見光明；而且終日再三再四，伸手與我為敵；祂使我的肌膚枯瘦，折斷我的骨頭；祂在我四周築起圍牆，用毒草和痛苦環繞我，讓我居住在黑暗中，好像久已死去的人。祂用垣牆圍困我，不能逃脫；並且加重我的桎梏；我呼籲求救時，祂卻掩耳不聽我的祈禱。祂用方石堵住我的去路阻塞了我的行徑。」（哀三1－9）耶肋米亞說了這一切，繼續又說了更多⑫。天主如此地介入，治癒靈魂的許多毛病，為了給她健康，按照她的毛病，她必須在煉淨和治療中受

12. 在《黑夜》2．7．2，若望引用《哀歌》中的同樣經文，而且引述更多直到20節。
13. 參閱《黑夜》2．10。

苦；因為在這裡，多俾亞把魚心放在炭火上，用來解除並驅逐種種的惡神（多六8）。這樣，所有毛病在這裡，不斷地在光中呈現，把靈魂放在治癒毛病中，就在她的眼前，使她覺察。

㉒ 先前居住和隱藏在她內的那些軟弱與可憐，之前看不到，也感覺不出，現在因為神性之火的光與熱，使她看到，也感受到；正如木頭的潮溼本不為人所知，等到火燃燒起木頭，滲出了溼氣、煙，爆裂的聲音劈拍作響時，才會被覺察⑬。這正是火焰對不成全的靈魂所做的事。

因為，多麼奧妙的事啊！在靈魂內，這時敵對的雙方起來互相對抗：那些屬靈魂的和屬天主的，互相對立，它們襲擊靈魂；所以，如哲學家說的，對立的雙方靠近時，更形明顯⑭。它們在靈魂的主體內交戰⑮，為了稱王而彼此競逐，就是說：天主極完美的諸德與特性，和靈魂極不完美的習行與特性對戰，靈魂在自身內遭受這兩個極端。

因為，這個火焰是至極的光明，襲擊靈魂時，它的光在靈魂的黑暗中照耀（若一5），這黑暗也是至極的，靈魂因此感到自己內來自本性和不良的黑暗，相反超性的光明，她感受不到超性的光明，因為在她內沒有光明，只有黑暗，而黑暗不能勝過光明（若一5）。

所以，當光明襲擊時，會強烈地感受到她的這些黑暗，因為若非神性之光襲擊靈魂，靈魂不能看見自己的黑暗，要一直等到，（神性的）光明逐出黑暗後，靈魂蒙受光照，由於被神化，看見自己內的光明，他心靈的眼目，由於神性的光明而潔淨和堅強。因為，在

14. 參閱《攀登加爾默羅山》1·4·2；3·6·1。
15. 它們在靈魂的主體內交戰：原文是「*hacen la gurra en el sujeto del alma*」kk 英譯為「they war within the soul」，英譯省略了「主體」。

虛弱和不純潔的眼中，無限的光明會成為完全的黑暗，感官的對象太強烈，則會剝除其相對的官能。因此，這火焰對理智的視覺是壓抑的。

㉓ 因為，這個火焰本身是至極的愛情和溫柔，深情蜜意地襲擊意志；但是靈魂的意志卻是至極的乾枯和艱苦，對於溫柔感到艱硬，對於愛情則是乾枯，這個火焰深情又溫柔地襲擊意志時，意志為了和天主在一起，感受到本性的艱硬和乾枯⑯；意志感受不到火焰的深情與溫柔，（火焰）仍然以艱硬和乾枯來預備它，（因為）與愛情和溫柔對立的其他那些（因素）尚未結束，這要等到愛情與溫柔逐出乾枯與艱硬，並且在意志內為王時。所以，這火焰對意志是壓抑的，使它感覺並且忍受其艱硬和乾枯⑰。

正是如此，因為這火焰是無限和極廣闊的，意志卻是狹窄和緊縮的，火焰一襲擊意志，意志就感到自己的狹窄和緊縮，直到火焰在其內燃燒，使它擴展、拓寬，且能接受火焰為止。也因為這火焰是美味和甜蜜的，然而意志的靈性口味，已經被錯亂愛情的情緒所擾亂，火焰使意志覺得乏味、痛苦，不能品嘗天主之愛的甜蜜美食。就這樣，在最廣闊和極愉悅的火焰旁，意志也感到折磨和不悅，意志感覺不出火焰的風味，因為沒有在自己內感受這火焰，所感受的只是它真正擁有的，那就是自己的可憐。

最後，因為這火焰是無限富裕、慈惠和歡愉的，靈魂本身卻極貧乏，什麼善都沒有，也沒有滿足，在這些富裕、慈惠和歡愉的旁邊，清楚地認識並感覺自己的可憐、貧窮和邪

16. KK 英譯在此漏掉這句：「這個火焰充滿愛又溫柔地襲擊意志時，意志為了和天主在一起，感受到本性的艱苦和乾枯」；原文是「*embistiendo esta llama amorosa y tiernamente en la voluntad, siente la voluntad su natural dureza y sequedad para con Dios*」。
17. 這一段非常難翻譯，有點冗長反覆，譯者為幫助讀者了解，加上括號內的字。

惡，又不明白火焰的富裕、慈惠和歡愉[18]，因為邪惡不包含慈惠，貧窮不包含富裕，等等，要等到火焰完全淨化了靈魂，因火焰的轉化，使她充滿富裕、光榮和歡愉。

這樣，火焰先前是壓抑的，以不可言喻的方式對待靈魂，在她內，互相矛盾的雙方起來爭戰：天主，祂是絕對的成全，與靈魂的所有不成全[19]對立，為的是，使靈魂神化為天主自己，使她柔順、平靜和穩定，如同火開始燒透木頭時那樣。

㉔ 很少靈魂經歷這樣猛烈的煉淨；只有天主願意提拔到最高結合等級的靈魂，因為以淨化的多或少來預備每一位，是按照天主願意提拔人達到的等級，也按照人的不純潔與不成全[20]。

因此，這個痛苦相似煉獄之苦；因為，這就好像靈體在煉獄中受苦，為能藉明晰的直觀，在來世享見天主，這樣，靈魂以其方式，在此今世受煉苦，為能藉著今世的愛，在天主內神化。

㉕ 至於這個煉淨的強度，較強和較弱的情況如何，什麼時候是理智、什麼時候是意志的煉淨，記憶的煉淨是怎樣的，又在靈魂的實體，什麼時候及怎樣的煉淨，還有什麼時候全部一起受煉淨；至於感官部分的煉淨，如何辨識何時是感官或心靈的煉淨，及開始心靈之路是什麼時候、時間點或時機，因為我們已在《攀登加爾默羅山的黑夜》中談論過[21]，而且也不是我們現在的目的，所以我不談這些事。現在只要知道，正是這位天主，祂渴望

18. KK 英譯本在此省略這句：「又不明白火焰的富裕、慈惠和歡愉」原文是「*y no conoce las riquezas, bondad y deleites de la llama*」，可能是因為過於反覆。
19. 「所有不成全」：原文寫的是「*todos los hábitos imperfectos*」，KK 英譯省略 hábitos，中譯亦然。因為 *hábitos* 這個字指的是不成全的恆常狀態，而不只是習慣性的不成全。
20. 關於結合的等級，請參閱《攀登加爾默羅山》2・5・9－11；《黑夜》2・7・3。
21. 十字若望在此提的書名《攀登加爾默羅山的黑夜》，使我們能肯定在作者的心中，《攀登加爾默羅山》和《黑夜》其實是一部著作。這裡作者提的《黑夜》，是他承諾要在那裡解說的主題，參閱《攀登加爾默羅山》序言；1・11・19。

經由結合、愛的神化進入靈魂內，就是祂，先前襲擊靈魂，以祂神性火焰的光與熱煉淨她，這就好像進入燒透木頭的火，如我們已說過的，也是先前預備木頭的火。因此，現在的火是溫柔的，它已經進入內部襲擊靈魂，這火先前是壓抑的，襲擊的是她的外面。

㉖ 每當靈魂說本詩句：「**既然祢已不再壓抑**」時，這是她想表達的；總之，她彷佛是說：現在祢對我不再像從前那樣黑暗，不只如此，而且祢是我理智的神光，使我能注視祢；祢不使我的軟弱癱軟無力，不只如此，反而堅強我的意志，使我能愛祢、擁有祢，徹底地歸化成神性的愛；祢對我靈魂的實體不是痛苦和折磨，反而是她的光榮、歡愉和廣闊[22]，因此，能對我說，神聖《雅歌》中所歌詠的：「**那從曠野裏上來，充滿歡愉，偎依著她的愛人，處處散佈愛情的，是誰？**」（歌八5）

所以，這樣就是：

瞬即團圓！若是祢願意

㉗ 就是說，以祢的榮福直觀（*beatifica vista*），完美地團圓這與我結合的神婚，因為這是靈魂的懇求。由於，雖然這是真的，在這麼崇高的境界中，靈魂愈在愛內神化，也愈順服和感到滿足，她對自己一無所知，也不要求什麼，全都為她的心愛主，如聖保祿說

22. 「廣闊」，原文是 *anchura*，這個用語很有意思，指出天主是靈魂無限開闊的內在世界。

的，愛德不求己益（格前十三），但求有益於心愛的主；因為她仍然生活在希望中，不能不感到空虛，也有這麼多的呻吟，雖然是溫柔和愉悅的，但她還沒有達到成為天主收養的子女㉓；當靈魂的光榮達到圓滿時，她的欲望㉔將會停止。雖然在今生，靈魂與天主密切結合，直到天主的光榮顯現（詠十六15）之前，她的欲望絕不會有滿足與安息，尤其是現在，她已嘗到其中的美味和甜食㉕，就像她在此所擁有的。就像這樣，在這裡，如果天主不同時施惠肉身，以祂的右手保護靈魂的本性，如同對待岩石縫中的梅瑟，使他能看見天主的光榮而不死（出卅三22），否則，任何一個像這樣的火焰一觸及靈魂，就會使她腐化而死亡，她的低層的部分還沒有預備好，無法承受這麼多、這麼崇高的光榮之火。

㉘ 因此，這個欲望和對團圓的懇求，在這裡不會帶有痛苦，因為靈魂在此不能有這樣痛苦，而是懷著溫柔和歡愉的渴望，懇求心靈和感官的順服，所以，本詩句說：「**瞬即團圓！若是祢願意**」，因為，她的意志和欲望這麼與主合一，認為實行天主的意願即是她的光榮。

不過，在這些接觸中，像這樣顯示的光榮與愛的瞥見，停留於進入靈魂的門口，由於塵世屋宅的狹窄而進不去，之前可能由於愛情微小，而沒有懇求進入那愛的成全與圓滿。

因為，除此之外，靈魂在那裡看到，在淨配的歡愉通傳的那個動力中，聖神以無限的光榮激發並邀請靈魂，在靈魂的眼前展現無限的光榮，以神奇美妙的方式及溫柔的愛情，

23. 這句話的意思是：他仍在嘆息，等待著義子期望的實現。（羅八23）
24. 「欲望」：原文 *apetito*，是單數的。讀者請注意，十字若望以單數的 *apetito* 指示對天主的追求，而以複數的 *apetitos* 指對天主以外的人事物的追求。
25. 「甜食」：原文 *golosina*，意思是少許可口美味的食物。

在她的心靈，說出《雅歌》中對新娘說的話，新娘這樣說：「看！我的愛人招呼我說：起來！我的愛卿！快來！我的佳麗！看嚴冬已過，時雨止息，且已過去；田間的花卉已露，歌唱的時期已近。在我們的地方已聽到斑鳩聲；無花果樹已發出初果，葡萄樹已開花放香；起來，我的愛卿！快來！我的佳麗！我那在岩石縫中，在懸崖隱處的鴿子！請讓我看到妳的面貌，聽見妳的聲音，因為妳的聲音柔和可愛，妳的面貌美麗動人。」（歌二10－14）靈魂處感受到這一切，在崇高的光榮感受中分明地了解，聖神在輕柔與溫和的熱燃火焰中，顯示給她這一切事，盼望引領她進入那光榮；所以，靈魂在此因被感召而答覆，說：「瞬即團圓！若是祢願意。」她向淨配懇求那兩件事，就是祂在福音中教導我們的：「*Adveniat regnum tuum; fiat voluntas tua.*」（願祢的國來臨，願祢的旨意奉行。）（瑪六10）㉖這彷佛是說：瞬即團圓，就是說，賜給我祢的王國；若是祢願意，意即，遵照祢的聖意而行。

為此，這可能應驗為真：

撕破此紗甜蜜相遇！

㉙ 正是這層紗阻礙這件大事；因為，消除了那些障礙，並撕破隔開靈魂與天主結合的紗之後，達到天主是容易的事。阻礙靈魂和天主結合的紗，及為了使靈魂完美地達成並擁

26. 靈魂達到崇高的結合時，用〈天主經〉來表達這兩個願望。《攀登加爾默羅山》3・44・4，提到「〈天主經〉中的七個祈求，包括我們心靈和現世的所有需要。」

有天主，必須撕破的紗，我們能說有三層，亦即：現世的紗，其中包括所有受造物；本性的紗，其中包括純本性的作用與傾向；感性的紗，其中只包括靈魂與肉身的結合，肉身就是感官和動物性的生命，如聖保祿所說的：「**我們知道，如果這地上帳棚似的寓所被拆毀了，我們必由天主獲得一所房舍，一所非人手所造的，永遠在天上的寓所。**」（格後五1）

為了達到擁有這個與天主的結合，前面的二層紗一定要撕破，在此結合中，所有的世物被否定和捨棄，所有本性的欲望和情感被克制，現在靈魂的本性作用已成為神性的。

當火焰還是**壓抑**時，經由這些火焰的壓抑相遇，完成並撕破這二層的紗；因為，在心靈的煉淨中，如我們前面說的，靈魂已經撕破這二層紗，且與天主結合，如同這裏的靈魂，而留待被撕破的，無非是有感性生命的第三層紗。為此，這裡說是一層紗，而不是多層紗；因為除了這一層紗外，已沒有別的要撕破的了，這一層紗這麼細和薄，由於和天主結合而神靈化，在與火焰相遇時，火焰並不粗暴，如同它對待前二者，卻是歡愉和甜蜜。為此，靈魂在此稱之為「**甜蜜相遇**」，這相遇愈是甜蜜和歡愉，靈魂也愈覺得就要**撕破**此生命的薄紗。

㉚ 在此應該知道，已達此境者自然生命的死亡，雖然死亡的情況和其他人相似，不過，死亡的原因和方式卻大不相同。因為，如果其他人死於生病或年老，這些人，雖然也死於生病或年邁，除非藉著某些愛的衝勁和相遇，他們的靈魂不會被強奪而去，這遠比前者高妙卓絕，更強有力，也更英勇，所以能撕破此紗，帶走這顆寶石，即靈魂。

所以，這些人的死亡非常柔和，非常甜蜜，遠超過盡其一生的靈性生命；由於他們在愛的至高衝勁與歡愉相遇中去世，相似天鵝，在瀕死之際，所唱的歌更是甜蜜無比。為此，達味說：「**聖人的死亡在天主眼中是珍貴的。**」（詠一一五15）因為，靈魂的富裕全都匯聚在這裡，靈魂愛的河流行將傾注入海，在此，這些河流已是這麼的浩瀚無垠又被堵住，看來已經如同海洋；[27]義人離世升天之際，他的第一個寶藏，到最後一個，全都堆積在一起，伴隨著他，如依撒意亞說的：「**我們從地極聽到讚美的歌聲：光榮歸於正義者。**」（依二四16）

㉛ 那麼，在這些光榮相遇的時刻，靈魂自覺這麼的靠近臨界點，就已經要完成並完美地擁有她的天國，在豐盈中，看到自己的富裕，因為在這裡，她知道自己純潔、富裕和充滿德行，也準備好接受天國；因為，在這個境界中，天主允許靈魂看見自己的美麗，也擔保已經賜給她的恩典和德行，因為，一切都在愛與讚美中轉化，不染傲慢，也沒有虛榮，已經沒有使麵團發酵的少許不成全酵母（格前五6；迦五9），還有，正如她了悟的，除了撕破這層本性生命的薄紗之外，她一無所缺，她感到自己的自由被糾纏、阻礙和俘虜，因為她渴望求得解脫而與基督同在（斐一23），她哀嘆著，這麼卑賤又虛弱的生命，阻止另一個這麼崇高又強有力的生命，要求撕破此紗，說：「**撕破此紗甜蜜相遇！**」

㉜ 稱之為「**紗**」，有三個理由：第一，由於精神與肉體之間的連結；第二，因為靈

27. 「被堵住」：原文「*represados*」，這個字在此有點難懂，其含意是靈魂的富裕有如許多河流，這些河流廣闊無際，由於尚未離開人世，如同被堵住的河流，每一條河流都已經像似海洋。「海洋」這個字在此是複數：「*mares*」

魂與天主之間的分離；第三，因為，這就好像一層紗，不是那麼晦暗和稠密，而使亮光不能照透它，同樣，在此境界，這個連結彷彿是這麼細薄的紗，由於這紗已是非常靈性、光亮、細薄，天主不能不照透其內。由於靈魂覺察另一生命的強健，看出來今世生命的虛弱，這生命好似非常細薄的紗，甚至薄似蜘蛛網，如達味所說的：「**我們的年歲猶如蜘蛛。**」（詠九十9）在這麼受高舉的靈魂面前，今世的生命甚至更遠不及此，因為，她深入天主的意識，如同天主一樣覺察事物，在天主面前，達味也說：「**千年好像剛過去的昨天。**」（詠八九4），還有，依撒意亞說：「**萬民在祂的面前好像烏有。**」（依四十17）在靈魂面前，這些事物的輕重是一樣的，所有的事物都是虛無，她在自己眼中也是虛無。對她來說，只有她的天主是萬有[28]。

㉝ 不過，這裡必須注意：為了什麼理由，她在此請求「撕破」此紗，而非「切開」或「毀壞」？這些好像全都是一樣的事，我們能說是為了四個理由：

第一，為了更貼切地述說；因為撕破比切斷或毀壞更合適這相遇。

第二，因為愛是愛的活力，與強有力和衝勁的接觸，及兩者的交會，這是以撕破相遇，而不是以切斷或毀壞。

第三，因為愛渴望這個動作最快速的，因為完成得更迅速，而愈強有力和勇猛，也就愈快速和愈靈性，因為合一的德能，比在分散時更強有力。

28. 這段話是聖十字若望很典型的教導，我們不難想起他的《攀登加爾默羅山》，尤其是第一卷，卷首的〈登山圖〉，及第十三章。

由於愛被導入，有如形式被導入物質，剎那之間就完成，尚未完成之前，沒有動作，只有朝向它的傾向。所以，這些靈性的動作，同樣在一瞬間，產生於靈魂內，因為是天主傾注的；然而，靈魂自己做出的其餘動作，更好稱它們為，來自連續性的渴望與情感的傾向，這些絕不會成為愛或默觀的完美動作，除非有的時候，如我說的，天主極快速地，在心靈內形成並成全這些動作。為此，智者說：「**祈禱的終結，勝於祈禱的開始**。」（訓七9）而且，一般人也說：「**簡短的祈禱上徹天庭**。」㉙

因此，已經備妥的靈魂，能在短時間內做出超多而且更強烈的動作，遠超沒有備妥的靈魂，在長時間的作為；甚至，由於她已有了極好的準備，通常會在愛或默觀的動作中，長時間地留守。至於那還沒有備妥的靈魂，全都耗費在心靈的預備上；甚至後來，火往往躊躇不前，沒有進入木頭，有時是木頭過於潮溼，有時則準備的熱力太小，有時這樣，有時那樣；但是，在已經備妥的靈魂內，愛的動作立即進入，因為每次一接觸時，火星立即在乾燥的火絨中捕火。所以，熱愛的靈魂更渴望即刻快速地撕破，而不是留有空間的切斷或毀壞。

第四是因為，可以更快速除掉今世生命的紗；因為切斷或毀壞需要更費事，因為要等待對象的時候到了或結束，等到其他某個時限；而撕破就不必等待，就好像，時機已成熟，不必等這類的事。

29. 這句話根源於《德訓篇》：「謙卑人的祈禱，穿雲而上。」（訓卅五21）參閱《攀登加爾默羅山》2·14·11。

㉞ 傾心迷戀的靈魂渴望這事，她不必忍受延誤，等待生命的自然結束，或在某某時候被切斷；靈魂看到自己內愛的強勁與備妥，促使渴望並懇求，以超性之愛的某個相遇和衝勁，立即撕破這生命。

靈魂在此非常清楚明白，這是天主的特性，提前帶走熱愛祂的靈魂，與祂同在一起，剎那之間使靈魂達到成全，這愛是他們在所有的事件中，以她平凡的腳步能獲得的。因為，這就是智者說的：「**這樣的人悅樂天主，也為天主所愛，因為他生活於罪人之中，天主把他接去。他被接走，免得邪惡改變了他的心意，虛偽迷惑了他的心靈，他在短期內成為完人，與滿享高壽無異，他的靈魂悅樂天主，因此，天主迅速地將他從邪惡中提去，等等。**」（智四10－11，13－14）以上是智者的話，由此可見，靈魂使用這個字詞「**撕破**」，是多麼適當和有道理；那麼，前文中聖神使用這兩個字詞：「**接走**」、「**迅速**」，意即完全沒有延誤。天主的「**迅速**」，表示祂以很短的時間，快速地成全義人的愛；「**接走**」，指示提前帶走她。因此，對靈魂來說，最要緊的是在今生實行許多愛的動作，因為，這樣會快速達到成全，不至於在今生或來世耽擱太久，而不能面見天主[30]。

㉟ 但是，現在我們來看看，為什麼稱聖神的這個內在襲擊為相遇，而非別的名稱。理由是因為，靈魂在天主內感到無限的嚮往，如我們說的，切望生命就此結束，由於尚未達到成全的時刻，不能如願以償，也看出來，為了要成全她，提拔她脫離自己的肉身，天

30. 本詩節的第 30、33 和 34 節，是聖女小德蘭屢次閱讀之處。特別在談愛的死亡的頁面上劃線，她指出，甚至也說出，她強烈地渴望以此方式而死。不過她也提醒身旁的人，「我們的主在劇苦中死於十字架上。」根據見證，她確實死於愛，臨終前她說：「啊！我愛祂！我的天主！……我愛祂！」但是逝世之前她也經歷了劇苦，她的「信德考驗」持續十八個月，還有她身體的病痛。

主以相遇的方式，導致的這些對靈魂的神性和光榮的襲擊，這個相遇，由於其目的是淨化她，及帶她他出離肉軀，這確實是相遇，天主藉此而經常透徹並神化靈魂的實體，使她成為神㉛；從而使靈魂全神貫注，超越萬有，進入天主的存有。

理由是因為，在聖神內，天主充滿活力地與靈魂相遇，使她神移，當兩方面都很熱烈時，雙方的交往是很激烈的，這個相遇就是如此；因為在此相遇中，靈魂活生生地品嘗天主，稱之為**甜蜜**；不是因為其他許多的接觸和相遇，即在此境界中領受的，不是甜蜜的，而是因為其卓越遠超其餘的一切；因為天主賜予這個恩惠，如我們說的，目的是迅速釋放和光榮靈魂。於是，她才有勇氣懇求說：「**撕破此紗**」，等等。

㊱ 現在我們來概括本詩節，靈魂彷彿是說：啊！聖神的火焰，這麼親密又溫柔地穿透我靈魂的實體，以祢光榮的熱情燒灼她！

然而，祢已是這麼友善，向我顯示祢自己，渴望在永生中把祢自己給我㉜；如果先前我的請求沒有上達於祢耳中——當時，我懷著愛的焦慮和疲累，我的感官與心靈，因為我的許多軟弱、不潔及缺乏強烈的愛而受苦，我向祢懇求釋放我，帶領我與祢同在，因為我的靈魂懷著切望祢的渴望，因為焦急無耐的愛，不許我這麼容忍今世生命的境況，亦即祢還要我活下去的生命——又如果我過去愛的衝勁不足，因為還不夠這麼優質，達不到如此的境界；現在我極剛強於愛，不只我的感官和心靈，在祢內不再懦弱害怕，而且在祢內強健，

31. 「使她成為神」：原文是「*haciéndola divina*」，KK 英譯本省略這句。參閱《靈歌》22．3；39．4、6。
29. KK 英譯在此漏掉這句：「*Pues ya estás tan amigable que te muestras con gana de dárteme en vida eterna*」（然而，祢已是這麼友善，向我顯示祢自己，渴望在永生中把祢自己給我。）

我的心靈和肉軀，歡躍於生活的天主（詠八三3），感官與心靈彼此之間極為協調。凡祢願意我祈求的，我就祈求，祢所不願意的，我就不渴望，甚至不能渴望，也進不去我的意念，使我渴望；那麼，現在我的祈求在祢的眼前，更有效力和珍貴，因為全都是由祢而來，是祢引導我祈求的，我在聖神的歡愉和喜樂中祈求，**我的斷案來自祢的慈顏**（詠十六2），就是說，當祢珍視並俯聽我的祈禱時，請撕破今世生命的薄紗，不要因年老而自然地切斷生命，為的是，從那時起我能愛祢，以我靈魂渴望的豐盈和滿足來愛祢，永無終窮。

第二詩節

啊！溫柔的燒灼！
啊！歡愉的傷口！
啊！溫和的手！啊！柔巧的接觸，
永恆的生命得以品嘗，
所有的債務全部償還！
經歷死亡，祢以生命變化死亡。

註解第二詩節

① 在本詩節中，靈魂說明至聖聖三，父、子和聖神三位，如何在她內做出這個結合的神性化工。因此，「手」、「燒灼」和「接觸」在實質上，是完全同一的；用這些名稱來稱呼，是因為聖三各自產生其效果。

「燒灼」是聖神；「手」是聖父；「接觸」是聖子。這樣，靈魂在此頌揚聖父、聖子和聖神，強調聖三在她內產生的三個崇高的恩惠與福分，已經變化死亡為生命，使她在聖三內神化。

第一是「**歡愉的傷口**」，歸因於聖神；因此，稱祂為「**溫柔的燒灼**」。第二是「**永恆生命得以品嘗**」，歸因於聖子；因而稱祂為「**柔巧的接觸**」。第三是全然神化，亦即這債務[1]，已好好地償還靈魂，歸因於聖父，因而稱祂為「溫和的手」。

雖然各按其效果的特質，在此稱呼三位，她只對著一位講話，說：「**祢以生命變化死亡**」，因為是祂們合一地工作；這樣，全歸因於一位，也全歸因於三位。

詩行如下：

啊！溫柔的燒灼！

② 這個「**燒灼**」，如我們說過的，在這裡是聖神，因為，如梅瑟在《申命記》中說：「**我們的主天主是吞噬的烈火**」（申四24），亦即，愛的烈火。這火，由於具無限的威力，能無量地焚盡、神化所接觸到的靈魂，使她焚化為火的本身。但是，對每個靈魂，天主按照她的預備情況，燃燒和攝取她：有的人多，有的人少，天主完全隨自己的意願，看祂如何及何時願意。[2]由於祂是無限的愛情之火，當祂更猛烈地接觸靈魂時，靈魂的熱愛處於這麼

1. 「債務」，意指靈魂為事奉天主所受的一切考驗折磨，天主賜以更豐富的賞報，彷彿把債務還清一般。
2. 參閱《活焰》1．24。

崇高的愛情等級，彷彿她已著火燃燒，超越世上所有的熱火。因此，在這個結合中，靈魂稱聖神為「**燒灼**」，因為，就像燒灼時的火更熾熱和猛烈，也有更大的效果，超過其他的燃燒，同樣，這個結合的行動，由於是這麼熱燃的愛火，遠超所有其他的火，為此靈魂稱之為「**燒灼**」。在此情況中，只要這個神火徹底神化靈魂，她不僅感受到燒灼，而且已完全成為熾燃烈火的燒灼。

③ 這是奧妙和值得述說的事，天主之火的焚燒極具大能，能燒盡一千個世界，比塵世的火燒掉一根稻草[3]，還要容易，雖然如此灼燃焚燒，卻焚不盡、摧不毀靈魂；這不會帶給靈魂什麼愁苦，反而配合愛的能力，神化靈魂，使她歡愉，在這神火內溫柔地熱燃與焚燒。這事是這樣的，由於心靈的純潔與成全，導致心靈在聖神內燃燒。如在《宗徒大事錄》上發生的：「**這火猛然降臨，灼燃門徒們**」（宗二3），關於這事，如聖國瑞說的，「**祂深入人內，柔和地以愛焚燒。**」[4] 說到這個相同的主題時，聖教會表示：「**火自天而降，不是燃燒，卻是放射光明；不是焚盡，而是給予光照。**」[5] 因為在這些交往中，天主的目的是為了舉揚靈魂，而不是使她疲累和受折磨，卻要拓展和取悅她；天主不是要靈魂變為黑暗，化為灰燼，如同火燒木炭一般，反而是要使她明亮和富裕，為此，靈魂稱祂為「溫柔的燒灼」。

④ 因此，這幸福的靈魂，由於極幸運地達到如此的燒灼，她知曉萬事，品嘗萬事，行事隨心所欲，順利成功；沒有人能勝過她，也沒有事物能觸及她。因為這個靈魂就是宗

3. 原文直譯不是稻草，而是「亞麻的芒」（*una raspa de lino*）。
4. Homilia 30 in Evang: PL 76, 1220。
5. 羅馬日課經，聖神降臨期週四，誦讀第一對答詠。

徒說的：「**惟有屬神的人審斷一切，但他卻不為人所審斷。**」（格前二15）還有，「**聖神洞察一切，就連天主的深奧事理祂也洞悉。**」（格前二10）因為這是愛的特徵：細察心愛主的一切美善。

⑤ 啊！靈魂們的大光榮，妳們堪受此至高之火！雖然這火有無限的威力，能焚盡和消滅妳們，的確，它不會毀滅妳們，卻在光榮中，無邊無際地焚化妳們。

天主帶領一些靈魂達到此境，你們不要感到驚奇，就像從太陽的幾個神妙的效果，可以辨認出太陽；如聖神所說的，它以三種方式燒毀山岳，山岳即是聖人⑥。

由於這**燒灼**是如此**溫柔**，如這裡所指明的，那麼，我們相信，燒灼所觸及的靈魂會是多麼**歡愉**！她欲言又止，珍懷在心中，僅用口語「**啊！**」，表示讚嘆說：「**啊！溫柔的燒灼！**」

啊！歡愉的傷口！

⑥ 靈魂說了燒灼之後，現在說及燒灼的傷口。就像燒灼是溫柔的，按所說過的，依理而論，傷口必是與燒灼相稱。在此，溫柔燒灼的傷口是歡愉的傷口，因為是愛的燒灼，它是溫柔之愛的傷口，所以，是溫柔的歡愉。

6. 參閱《德訓篇》四三4：「太陽的熱，比火爐更強三倍：它燒毀山岳，放射火光，眩耀人目。」

⑦ 為了表明她這裡所說的傷口是怎樣的，應該知道，物質之火的燒灼，往往在所接觸到的地方留下傷口，火具有這個特性：如果觸及不是火燒傷的傷口，會使之成為火的傷口。這個愛的燒灼，對所觸及的靈魂，或是曾被悲慘的處境和罪惡創傷，或是健康，都會立刻留下愛的傷口。

然而，這愛的燒灼和物質之火的燒灼，其間有所不同：除非塗抹藥物，物質之火的傷口不得治癒，可是，愛之燒灼的傷口卻乏藥可治，因為正是這燒灼的傷口治癒傷口，又因治癒了傷口，而再造出傷口；因為每當愛的燒灼接觸到愛的傷口，就會造成更深的愛的傷口；這樣，愈是創傷傷口，也就愈醫治和健康。因為，愛人愈受創傷，也就愈健康，由於使愛得到醫治的，就是在創傷上加傷，直到形成這麼大的傷口，致使整個靈魂消溶成為愛的傷口。那麼，這麼一來，靈魂已經完全被燒灼，形成一個愛的傷口，在愛內完全健康，因為已經神化於愛。

因此，要明白，靈魂在這裡說的「**傷口**」，是完全的受傷，也是完全的健康。因為，雖然是完全受傷和完全健康，愛的燒灼仍不停地達成它的任務，就是以愛來接觸和創傷，由於已是完全的歡愉，又是完全的健康，產生的效果是使傷口歡愉，如同好醫生經常做的。因此，靈魂在這裡說得好：「**啊！歡愉的傷口！**」

那麼，啊！傷口愈歡愉，造成傷口的愛火也愈崇高和卓越！因為，聖神之創傷她，只為了給予歡愉，正如祂使靈魂歡愉的渴望和意願是浩大的，這個傷口也是浩大的，因為是浩瀚的歡愉。

⑧啊！幸福的傷口！創傷妳的那位，除了醫治妳，不會知道別的。啊！幸運又非常幸福的傷口！妳之被傷只為了歡愉，妳的病情，對受傷的靈魂是歡愉和滿足的。啊！歡愉的傷口！妳是浩大的，因為創傷妳的天主是浩瀚的。妳的歡愉也是浩大的，由於愛情的火是無限的，按照妳的包容力和浩大使你歡愉。那麼，啊！歡愉的傷口！你的歡愉愈是崇高卓越，燒灼愈觸及靈魂實體的無限中心點，灼燃所有能被燃燒的，為使能歡愉的全都歡愉。

我們能了解的這個燒灼和這個傷口，是在此境界中能達到的最高等級，因為天主有許多燒灼靈魂的方式，也達不到這裡，也不是像這裡的境界，因為這境界是惟獨天主在靈魂內的接觸，毫無理智和想像的形式和形狀。

⑨然而，另一個以理智的形式燒灼靈魂的方式，往往是非常崇高的，是這樣的情況：有時靈魂灼燃於天主的愛內時，雖然不如我們這裡說的那麼優質，不過，情況卻很適合我在此想要說的：她感覺有位愛品天使，用愛火炎炎的一支箭或鏢襲擊她，刺透這個靈魂[7]，她已經像那被燒得通紅的木炭，或更好說，如同火焰，崇高卓絕地燃燒她。因此，在此灼燒中，用那箭矢刺穿她時，靈魂的火焰迸出，猛烈地飛騰直上，就像燃燒中的火爐或鍛冶爐，在人煽動或攪動爐中的火時。因此，這個灼燃矢箭的刺傷，使她感到靈魂的傷口

7. 論及此神箭穿心的特恩，聖十字若望解釋其可能的形式，及其性質和效果。聖女大德蘭在《自傳》29·13－14 描述她的親身經驗。大德蘭說是想像的神見，十字若望則說是理智的神見，又說是愛品天使，大德蘭則說是智品天使。她的神師道明·巴臬斯（Domingo Báñez），在手抄本旁附註：應該是愛品天使。

處於崇高無比的歡愉中；因為，除此之外，她在極溫柔中整個被翻動，由於那愛品天使猛烈地攪亂和翻動她，她感到愛的極大熱情與溶解，覺察這柔巧的傷口，及有效減緩箭頭之傷的藥草⑧，彷彿心靈實體中的一個活點，彷彿在靈魂被刺透的心中。

⑩ 在此傷口的親密之點，彷彿是在心靈的心中，就是在那裡，靈魂覺察歡愉的精巧微妙，誰能貼切地訴說呢？因為，靈魂在那裡感到好似一粒極微小的芥菜籽，極具活力和灼燃，從它的周圍散發出活力和燃燒的愛火。這火從那個活點的實體與功能散發出來，其中具有藥草的實體與功能，她覺得透過靈魂整個心靈與實體的靜脈，按照靈魂的能力與活力，微妙地散佈著，於是，她感到自己逐漸痊癒，她的熱愛這麼被加強，在此熱愛中，她的愛變得這麼的精純，彷彿有愛火的海洋在她內，遠達天涯地角⑨，全都充滿著愛。因此，靈魂覺得整個宇宙是一個愛的海洋，她已進入海洋中，無法眺望這個愛的界線，如我們說的，她覺察在自己內愛的活點和中心。

⑪ 至於靈魂在此享有的福境，無須多說什麼，除了說，她覺得福音中把天國比喻為芥菜籽，這比喻是多麼好，由於芥菜籽的強烈熱能，籽子雖然很小，卻長成了大樹；（瑪十三31－32）由於靈魂看見自己化為無限的愛火，從那個靈心的燃燒點擴散，發出愛火。

⑫ 很少人達到如此的高境；可是，有些人已經達到了；尤其是，要廣傳德行與精神給後代的那些人，在心靈的初果方面，天主賜給創會者豐盛⑩和英勇，相稱於後代所得的

8. 參閱《靈歌》9・1。
9. *que llega a lo alto y bajo de las máquinas*：原文直譯是，這愛的海洋達及自身內的高處與低處，也就是充滿洋溢，遍及一切。
10. 豐盛：原文「*riqueza*」即富裕，就是非常豐富，在各方面都有豐富的恩惠。

教導和靈修的多寡⑪。

⑬ 那麼，讓我們重拾話題，再談談那愛品天使的工作，因為他確實內在地創傷和擊傷心靈；這樣，如果有時天主允許，某個效果呈現於外，按照內在受傷的模式，延伸到身體的感官，傷口延伸而呈現於外，正如愛品天使創傷聖方濟時所發生的，他的靈魂被愛擊傷得到五傷，這個效果同樣地延伸至身體，也在身體上留下五傷，身體被擊傷，恰如靈魂因愛而受傷⑫。

因為，天主通常不會賜給身體恩惠，除非祂首先且主要地賜給靈魂。因此，靈魂內的傷口所造成的愛之歡愉與力量愈大，身外的傷口也愈大；一方增加，另一方也增加。這種事情如此地發生，因為這些靈魂在天主內被淨化、處置，對腐朽肉軀是痛苦、折磨的原因，對強壯和健康的心靈卻是甜蜜又愉悅。那麼，覺察在愉悅中痛苦的增加，是件令人驚奇的事。

約伯在他的創傷中，清楚地看見像這樣的奇事，那時，他對天主說：「**祢轉向我，令人驚奇地折磨我。**」（約十16）因為，這是崇高的奇事，相稱於天主為敬畏祂的人，所隱藏的豐盈的溫柔和甜蜜（詠三十20），就是，讓人享受的愉悅和歡愉愈多，他所覺察的痛苦與折磨也愈多。然而，當傷口只在靈魂內，沒有通傳於外時，這歡愉能夠是更強烈和更卓越的。因為，就像肉身抑止心靈，有如鞍上勒馬的繩索；當心靈的美善也通傳於肉身時，

11. 若望本人及其他的創會者，對於福音中芥菜籽的比喻都有其神祕的體驗。大德蘭亦然，若望在此必會特別想到聖女大德蘭，提及後代將分享其創會者的靈修和精神。
12. 亞西西的聖方濟，於 1224 年 10 月，在拉維納山（Mount La Verna）得到五傷。

肉身拉起韁繩，在心靈快馬的嘴上鞍上馬勒，抑制心靈的激烈行動，因為，如果心靈使勁用力，韁繩必會斷掉。但是在韁繩還沒有斷掉之前，肉身不能不壓抑心靈的自由，因為，如智者所說的：「**這必腐朽的肉身，重壓著靈魂；這屬於土的寓所，迫使心靈多慮。**」（智九15）

⑭ 我說這些話是為了使人明瞭，凡是一直想要依靠本性的能力和推理，走向天主的人，必不是完全屬神的人。因為，有些人認為，純靠感官的力量與作用（*operación*），這本是卑下且無異於本性的，他們能達到超性心靈的力量與高境；然而，如果人不超越和放開身體的感官作用，必不能達到像這樣的高境。

不過，當心靈的效果滿溢於感官時，又是另一回事；因為事情果真這樣時，反而更具靈性，如我們談及這些傷口時已說明的，內在的力量顯露於外[13]；如同聖保祿，他的靈魂深深感受到基督苦難，滿溢至肉身，按照他對迦拉達人的解釋：「**在我身上，我帶著主耶穌的烙印。**」（迦六17）

⑮ 關於「**燒灼**」、「**傷口**」，所說的已經夠了。如果這些事，正如這裡所描繪，那麼，我們認為產生燒灼的「**手**」是什麼？「**接觸**」又是什麼呢？靈魂以頌讚甚於解釋，在以下的詩句中表達這事，說：

13. 這句話的意思是，外在的傷口源自內在超性的靈性力量。

啊！溫和的手！啊！柔巧的接觸！

⑯ 這「手」，如我們說的⑭，是慈悲又全能的聖父。我們應該明白，祂這麼的慷慨和大方，就像祂的大能和富裕，當祂開始賜給靈魂恩寵時，祂賜給她富裕和大能的禮物；因此，稱之為「**溫柔的手**」；這彷彿是說：手啊！祢對待我的靈魂多麼溫柔！祢垂手溫柔地接觸，若祢放手稍重些，好似足以毀滅全世界，因為「**只要祢一垂視大地，大地為之顫抖**」（詠一〇三32），「**萬民瓦解和昏迷；山嶽崩裂！**」（哈三6）

還有，啊！偉大的手啊！祢接觸約伯稍微粗重些，以艱困和嚴酷對待他（約十九21），卻這麼友善和溫柔地對待我，祢多麼友善、可愛、溫柔，祢恆久地接觸我的靈魂！因為「**祢使人死，也使人活，沒有人能避開祢的手。**」（申卅二39）

至於祢，啊！神性的生命啊！除非為了給予生命，從不致人於死，正如除非為了治癒，從不傷人。當祢懲戒時，祢的接觸是溫柔的，可是，卻足以毀滅世界，然而，當祢給予歡愉時，祢非常樂意持久地給予，因此，祢那甜蜜的歡愉是無限量的。祢創傷我，是為了治癒我。啊！神性的手啊！祢已致死我內那使我死亡的，就是那使我剝除天主生命的，現在我能看見自己是生活的；祢以慷慨的恩寵，自由地⑮賜予這個恩惠，祢經常以「**祢的光榮反映和本體真像**」的接觸（希一3），來與我交往，就是祢的獨生聖子，藉祂作為祢的實體，

14. 參閱《活焰》2・1
15. 自由是天主的主要屬性，參閱《攀登加爾默羅山》3・20・2。

祢施展威力，「**從地極到地極，接觸萬物。**」（智八1）聖父的仁慈之手啊！祢的這位獨生聖子，是柔巧的接觸，藉著祂，祢以祢的燒灼的威力接觸我，且創傷我。

⑰ 那麼，祢啊！柔巧的接觸！天主聖子！聖言！藉著祢神性存有的柔巧，祢微妙地滲透我靈魂的實體，輕柔地遍觸她，使她完全專注於祢，就是專注在歡愉和溫柔的神性模式中，這「**在客納罕無人聽過，在特曼也無人見過！**」（巴三22）啊！非常柔巧，極其柔巧，聖言的接觸！正如在曷勒布山上，走在祢的前面，暴風大作，碎山裂石之後，祢在輕微細弱的風中，以大能和力量的庇蔭，賜給先知對祢最溫柔、最強烈的體驗，同樣也這麼柔巧地對待我吧！（列上十九11－12）啊！輕柔的微風，既然祢是輕柔和微妙的微風，請告訴我們：聖言！天主聖子！祢既是如此嚇人和威能，又怎麼能輕巧又微妙地接觸呢？

啊！雖然祢原是嚇人和威能的，凡被祢輕巧又微妙地接觸的靈魂，是福上加福的靈魂啊！向世界宣揚這事吧！可是祢不願告訴世界這事，因為世界不認識輕柔的微風，也覺察不到祢，因為不能接受祢，也看不見祢。（若十四19）可是，啊！我的天主！我的生命！凡離棄世界，成為靈巧（*delgado*[16]）的人，他們會看見祢，也會覺察到祢的輕柔接觸，他們的靈巧揉和著祢的輕柔接觸，這樣，他們能覺察和享受祢；祢接觸他們愈輕柔，因為他們靈魂的實體已經靈巧、潔淨和淨化，遠離一切的受造物，遠離受造物的每一個接觸與痕跡，祢愈隱藏，也愈恆久居住在靈魂內。因此，「**祢將他們掩護在祢聖容的奧祕中**」，亦即聖

16. *delgado*：原本的含意是瘦的、細的和薄的，在此引申為輕巧或靈巧。

言的奧祕中，「免遭世人的重創」。（詠三十21）

⑱ 啊！那麼，還有，反覆無息的柔巧接觸啊！愈是強力和大能，也愈柔巧，以祢柔巧的大能，使靈魂超脫，並遠離所有受造物的接觸，祢預定她惟獨屬於祢，惟獨與祢結合，祢在靈魂內留下這麼輕柔的效果，使其他所有的接觸，無論是崇高或卑下的事物，看起來都彷彿是粗劣和虛假的。觀看這些事物，不討靈魂的歡心，與它們接觸和交往，實在是靈魂的痛苦和極大的折磨。

⑲ 應該知道，一個東西愈有寬度與包容力，也愈輕巧，而愈擴散和通達，就愈微妙和柔巧。聖言是無限微妙和柔巧的，祂是觸及靈魂的接觸；靈魂是有寬度與包容力的器皿，因為她具有在此境界的高度輕柔和淨化。

啊！那麼，柔巧的接觸啊！祢愈豐沛和大量地滲透我的靈魂，祢就愈是實體的，而我的靈魂也就愈純潔。

⑳ 還該知道，這個接觸愈是微妙和柔巧，所接觸到的地方，它傳達的愉悅和享受（*regalo*）愈多，其體積和容積也愈少。這個神性的接觸沒有容積，也沒有體積，因為賜予接觸的聖言異於所有的模式和形態，完全沒有形式、形狀、附質的體積，這些常會限制且設立實體的邊界或限度；所以，這裡所說的這個接觸，只是實體的，就是說，從神性的實體而來，是不可名狀的。那麼，最後，啊！聖言不可言喻的柔巧接觸啊！祢只以祢那至極

單純的存有，在靈魂內形成祢的接觸，祢的存有既是無限，祢的接觸也是無限的柔巧，那麼，極其微妙、可愛、高貴和柔巧地接觸吧！使

永恆的生命得以品嘗！

㉑ 在這天主的接觸中，靈魂嘗到的永生，雖然不是完美的等級，事實上，她真的體驗了某種永生的風味，正同前面所說的。[17] 這樣的事並非不可置信，要相信，如同我們必須相信的，這是個實體的接觸，就是說，是在靈魂的實體內，和天主的實體接觸。許多聖人在世時，已達到這境界。

因此，在這個接觸中，所感受的愉悅，其柔巧是不可言喻的，我也不想加以述說，因為不要讓人認為，那只不過如我所形容的一般；發生於靈魂，這麼崇高的天主事理，是沒有話語可以解釋的；對於領受的人，最貼切的表達是，他親自了解、體驗、享受它們，對所擁有的靜默無語。因為靈魂在此看出來，這些事物，以某種方式，有如聖若望說的那個白石，將賜給勝利者：「**在那白石上，刻有新名字，除領受的人外，誰也不認識這名字。**」（默二17）因此，人只能說，也真能說：「**永恆的生命得以品嘗！**」

雖然在今生不能如同在榮福中，享有完美的永生，總之，這個接觸，由於是天主的接觸，

17. 見本詩節 13 至 16 節。

所以是「**永恆的生命得以品嘗**」。因此，靈魂在此嘗到天主內的萬有，天主通傳給她剛毅、上智及愛、美麗、恩寵和美善等等；因為天主就是這一切，只要一個天主的接觸，靈魂就能享有它們；所以，靈魂也在其官能和實體內歡享。

㉒ 關於靈魂的這個幸福，有時候，是聖神的傅油流溢到身體⑱，所有感官的實體（*la sustancia sensitiva*），全身的肢體、骨骼和骨髓都為之歡躍，不像普通時常發生的那麼平淡，而是感受極大的愉悅和光榮，甚至達及手和腳的關節末端。身體感受到靈魂內這麼的受光榮，而以其方式頌揚天主，她的骨骼感受這事，相稱達味所說的：「**我的每根骨骼都要說：天主誰能與祢相比？**」（詠卅四10）

因為關於這事，所有能說的都算不了什麼，為此，對於身體和心靈上的「**永恆的生命得以品嘗**」，所說的已經夠了。

所有的債務全部償還！

㉓ 靈魂說這話，因為在此享受永恆生命的風味時，她覺察，為了達到這個境界所經歷的磨難，已經得到報酬，她不只感到已經被公義地償還，得到了滿足，還格外地受到獎賞，她清楚了解福音中新郎的許諾是真的，祂將賜予「**百倍的賞報**」。（瑪十九29）所以，

18. 關於聖神的傅油惠及感官和身體，聖十字若望在《攀登加爾默羅山》2·11·1，及《靈歌》40·6都曾提及。參閱《黑夜》2·1·2；《靈歌》13·4。

沒有過去經歷的困苦、誘惑、補贖，及其他的磨難，這與今世的百倍安慰、愉悅……等是不相稱的，所以，她真的能說：「**所有的債務全部償還！**」

㉔ 為了知道這些債務是什麼，又是怎麼回事，及靈魂在此覺得被償還的感受，應該注意，通常沒有先經歷許多的困苦和磨難，沒有靈魂能達到神婚，這個崇高的境界和國度；因為，正如在《宗徒大事錄》說的：「**我們必須經過許多困難，才能進入天主的國。**」（宗十四21）在這個境界，苦難現在已經結束；因為靈魂已被淨化，不再受苦。

㉕ 凡想要達到這個境界的人，會有三種遭受磨難的方式：來自世俗的考驗、沮喪、害怕、誘惑，及各式各樣這類的事；感官方面的誘惑、乾枯、折磨；心靈方面的困苦、黑暗、憂苦、被棄、誘惑及其他的考驗。因為在這種情形下，感官與心靈的部分都被淨化了，關於這事，我們解釋首詩節的第四詩行時，已經述說過。

為了達到這個境界，為什麼必須有這些考驗的理由在於，就好像最純的利口酒[19]，只盛在堅固的、預備好的和潔淨的酒瓶內，同樣，沒有經過磨難和誘惑的強化，也沒有被困苦、黑暗和困窘淨化的靈魂，不能完成這個最崇高的結合；因為一方面，感官受淨化和強化，另一方面，心靈被琢磨、淨化和備妥。

因為，為了在光榮中與天主結合，尚未淨化的靈魂，必須遭受來世煉火的苦，同樣，為了在今生達到完美的結合，也必須遭受所說的痛苦的火，這火對有些人比較強勢，對另一

19. 利口酒（licor）：一種具有甜味的芳香烈酒。

些人則不這麼猛烈；有的人時間長，有的人則短，按照天主願意提拔他們達到的結合等級，也相稱他們必須受淨化的程度。[20]

㉖ 經由這些天主放進靈魂和感官內的磨難，使她在痛苦中獲致德行、力量和成全；「因為德行在軟弱中才得以成全」（格後十二9），她在痛苦的修練中被陶成。因為，如果沒有火和鐵鎚，鐵不能也不合適用作藝術家設計的用品；關於這火，耶肋米亞說，這火給予他知識：「祢從上降下火來，深入我的骨骸，且教訓了我。」（哀一13）耶肋米亞也提到這鐵鎚說：「上主，祢懲罰了我，而我得到了教訓。」（耶三十18）為此，《德訓篇》上說：「沒有受過考驗的人，知道什麼？未受考驗的人知道得很少。」（德三十四9－10）

㉗ 在此我們要注意，達到與天主結合這麼崇高的成全境界的人，為什麼這麼少，其理由何在？關於這事，須知，不是因為天主願意少數幾人，達到這樣的心靈高境，相反的，祂希望所有的人都是成全的，可是，祂只找到很少的容器，願意忍受這麼崇高和卓絕的工程；因為天主先在小事上考驗他們，發現他們很脆弱——立刻就逃之夭夭，不願委順最小的沮喪和克苦——就是說，發現他們在小事上既不堅強，也不忠信，（瑪二十五21，23）在小事上，天主開始以削平和磨亮施恩對待他們，天主看出來，在更大的考驗中，他們必會更不堅強，所以不再更進一步地淨化他們，以克修的辛勞，從塵埃中提拔他們，為得到提拔，他們需要有比所表現出來的更大恆心和剛毅。

20. 參閱《活焰》1・24。聖十字若望在他的著作中，多次提到今世的淨化有如煉苦，參見《攀登》1・4・3；《黑夜》2・6・6；2・10・5；3・20・5；《活焰》1・21；1・24。

這樣，有許多的人渴望前進，又堅決執拗地哀求天主，帶領他們達到這個成全的境界，可是，當天主要開始帶領他們，經過必須有的，最初步的考驗和克苦時，他們不願忍受，反而避開，從生命的窄路（瑪七14）逃之夭夭，去尋找自我安慰的寬敞大路，這就是喪亡之路（瑪七13）；因此，他們不給天主機會，來開始俯允他們的哀求。所以，他們好像沒有用的器皿，因為，他們渴望達到這個成全的境界，卻又不要沿循達到此境的考驗之路，甚至幾乎無法開始上路，因為他們不順服最小的，亦即普通的日常考驗。㉑

我們能以耶肋米亞的話回答這些人，說：「**如果你與人徒步競走，尚覺疲乏，又怎能與馬角逐呢？在平安的地區尚覺不安全，在洶湧的約旦河區，你更將如何呢？**」（耶十二5）大意是說：如果用普通的考驗（亦即徒步行走），這是人類日常生活中的一部分，你踩踏著小小的腳步，由於考驗如此之多，你已經覺得好像在奔跑，又怎能和馬的闊步角逐呢？那是比平常還要多的考驗，這要求人具備更大的力量和敏捷。如果你不願意放棄屬於你地區的平安和享樂，亦即你的感性，不願武裝起來作戰，也不願在任何事上相反它，你怎能渴望進入那更深處，亦即心靈的困苦與考驗的猛烈河水中。

㉘ 啊！靈魂哪！妳們渴望在靈性的事上，行走在安全和安慰中！如果妳們知道，為了達到這個安全和安慰，你們必須忍受的痛苦有多少，又何以沒有痛苦，不能獲得靈魂所渴望的，反而要折回原路，絕不能從天主或受造物找到安慰；相反的，你們要背起十字架，

21. 聖十字若望在此回答所提出的問題，為什麼這麼少的人達到與天主結合的高境。人靈必須有良好的準備，方能完全接受天主的自我通傳。天主希望給得更多，但面對來自天主的強化過程，人卻往往躊躇不決。這個強化不是來自磨難本身，而是來自信、望、愛三超德的成長。

要被釘在十字架上，渴望在那裡喝純的膽汁和酸醋（若十九29；瑪廿七34），也要認為這是極幸運的事，視之為，這樣地死於世界和自我，你們將在心靈的愉悅中活於天主；如果以忍耐和忠信，忍受那些外在的小事，則堪當天主注視妳們，為的是以更內在的心靈考驗，更內在地煉淨潔淨妳們，賜給妳們更多內在的福分。㉒因為凡是蒙天主賜予如此美好恩惠的人，他們必定為天主做了許多的服事，也為了祂，有了深度的忍耐和恆心，在天主面前，他們的生活與工作必定非常悅樂祂，這些人得蒙天主賜予這麼卓越的恩惠，更內在地試探他們，這是為使他們能更有恩賜和功勞，如同我們讀到的聖多俾亞，聖來福天使對他說：「**因為你得到天主的特別寵愛，祂以差遣試探來寵惠你，為能更加考驗你，也更舉揚你。**」（多十二13）因此，在他經過試探以後，全部的餘生度著幸福的生活，如同聖經所說的。（多十四4）我們看到的聖約伯正是如此，一旦天主在天使與撒旦面前接受了他的善工，立即差遣更大的考驗寵惠他，為能後來可以更加舉揚他。所以，天主如此地增多他心靈與現世的富裕。（約一～二；四十二10，12）

㉙ 天主願以最大優勢優待人時，也以相同的方式對待他們，祂下手讓他們受試探，是為了盡可能地提拔他們，就是達到和天主的上智結合，就像達味說的，純銀在火中鍛鍊，在土中——就是指我們的肉身——試鍊七次（詠十二6），意思是指所有可能的煉淨。我們沒有理由在此拖延，贅述達到上智的七級煉淨是什麼，每一級煉淨又是怎樣，及

22. 參閱《攀登》第二卷第七章，尤其是9至11節。

在此上智中，這七個愛的等級[23]如何與它們相稱，對靈魂來說，雖然擁有更崇高的結合，這上智仍然相似達味說的純銀，必須等到來世，才會如同黃金。

㉚ 那麼，靈魂應該懷著很大的恆心和忍耐，處於天主安排的所有困苦和磨難中，無論是外在或內在的，心靈或身體的，大或小的，都要全盤接受，如同來自天主的手，是為了她的益處，也是良藥，不要逃避，因為它們會給她健康，關於這事，她要採用智者的勸告：「**如果當權者向你生氣，你不可離棄崗位**（就是說天主差遣給你的考驗，為檢定你的崗位），**因為心平氣和能避免大錯**。」（訓十4）它會斬斷妳的罪惡與不成全的根子——亦即壞的習慣；因為克勝磨難、困窘和誘惑，可以致死靈魂不好和不成全的習慣，淨化和強化她。為此，當天主遣送給靈魂內在和外在的試探時，她應該珍視，要知道，只有非常少的人，堪當經歷痛苦達到圓滿極境，他們堅忍到底，達到這麼崇高的境界。

㉛ 那麼，重拾話題，回到我們的註解[24]，在這裡，靈魂知道一切都有圓滿的結局，也知道現在「**黑夜與白晝一樣光明**」（詠一三八12），正如過去，她是困苦的分享者，現在則是安慰與王國的分享者（格後一7），對於內在和外在的磨難，天主給予非常好的回報，賜給靈魂和身體神性的美善（*bienes divinos*），所以，沒有一個磨難不會得到相稱的極大獎賞，現在她非常滿足地承認，說：「**所有的債務全部償還**」，她在本詩句中感謝天主，就像達味在聖詠中頌謝天主，因為使他脫離磨難，說：「**祢曾使我經歷許多困苦艱難，現**

23. 參閱《靈歌》26．3。
24. 在此結束從 24 節開始的離題。聖十字若望繼續詩句的解釋，結論 23 節所說的。

今仍是祢使我生活安全，且提拔我脫離大地深淵。祢增加了我的尊位，再來給我安慰。」（詠七十20－21）

所以，尚未達到這個境界之前，這個靈魂如同坐在王宮門口的摩爾德開，在穌撒京城的廣場痛哭他生命的危險，不願接受艾斯德爾王后送來的衣服（艾四1－2，4），也還沒有得到服侍君王，或忠心保衛君王榮耀和生命的任何獎賞（艾六3），等到有一天，如同摩爾德開，她的一切煎熬和服侍，在此得到全部的償還（艾六3），不只被帶進王宮內，而且身披龍袍，侍立在君王的面前，御賜王冠、金杖和寶座，戴上君王的指璽，在淨配的王國內，她可以處理任何她喜歡的事，除去任何她不喜歡的事（艾三10－13）；因為在此境界的人，無論想要什麼都能獲得。因此，不僅得到償還，甚至處死他們的敵人，即猶太人㉕，就是不成全的欲望，它們會奪去靈性的生命，就是現在她按其官能和欲望所度靈性的生命。因此，她立即說：

經歷死亡，祢以生命變化死亡。

㉜ 因為死亡無非是生命的剝除，因為，生命一來到，不會留有死亡的痕跡。從靈性觀點來看，生命有二種方式：一是榮福的生命，在於看見天主，這必須經由本性和肉身的

25. 作者在這裡有個疏忽。在《活焰》的第一版本中，敘述摩爾德開如同靈魂，辛勤勞苦地服侍君王，卻沒有得到報酬。直到有一天，君王記起了他，高舉他獲得尊位，並且處死他的敵人（按聖經接下來的記述，應該是指哈曼和他的家族）。可能是想要強調這一句話，《活焰》的第二版本中附加上這個同義詞：「他們的敵人，亦即猶太人」。按照作者的用語，另有一處（《靈歌》18），他也以猶太人作為敵人的同義詞。不過在這裡卻導致上下文的不一致。因為摩爾德開是猶太人，經上說，他為自己民族所面臨的厄運而大聲哀號。

死亡才能獲得，如聖保祿說的：「**我們知道，如果我們這地上帳棚式的寓所拆毀了，我們必由天主獲得一所房舍，一所非人手所造，永遠在天上的寓所。**」（格後五1）另一種是成全的靈性生命，就是因愛的結合而擁有天主；這是藉著徹底地克制所有的邪惡、欲望和自我的本性，而獲得的。還沒有達到這樣的境界以前，人不能達到成全之境，即與天主結合的這個靈性生命，聖保祿在以下的話中，也說：「**如果你們隨從肉性生活必要死亡；然而如果你們依賴聖神，致死肉性的妄動，必能生活。**」（羅八13）

㉝ 因此，要知道，靈魂在這裡所說的死亡，是指整個的舊人，運用其官能——記憶、理智、意志——忙碌和專注於世俗的事物，欲望縱情於受造物的享樂。這些全是舊生命的行動方式，是新靈性生命的死亡；如果舊人沒有完全死亡，靈魂也不能成全地活靈性的生命，如（聖保祿）宗徒的告誡，他說：「**要脫去舊人，穿上新人，就是按天主的肖像所造，具有真實的正義和聖善的新人。**」（弗四22－24）在這個新的生命中，就是當靈魂達到與天主結合的這個成全之境時，如我們在此談論的，靈魂的所有欲望，及其官能方面的傾向和作用，其本身是死亡的作用，及靈性生命的剝除，都變化成為神性的。

㉞ 正如每一生命藉官能的作用而生活，如哲學家們說的，靈魂的官能作用在天主內，藉著與天主結合，度天主的生命[26]；這樣，變化她的死亡為生命，就是她的動物性的生命，成為靈性的生命。

26. 參閱亞里斯多德，《論靈魂》2・13；多瑪斯，《神學大全》1・18・2－4；2－2・23・2。

因為理智尚未達到這個結合以前，藉其本性光明的能力和活力，經由身體的感官，以本性的方式去理解，現在理智被一個更高的原則——即天主的超性神光——推動和教導，超越所有的感官；這樣，理智變為神性的，因為她的理智與天主的理智，完全合而為一。

還有意志，先前以卑下和麻木不仁的方式，只以其本性的情感去愛，現在已變成神性之愛的生命，因為以神性的情感慷慨地去愛，受聖神的能力和德能推動，現在她度著愛的生命；因為，藉著這個結合，天主的意志與靈魂的意志，現在只是一個意志。

以及記憶，靠其本身，只知覺受造物的形狀和幻像，藉此結合而變化，在心思意念中懷有達味所說的「**永恆歲月**」（詠七六6）。

本性的欲望，只有喜愛受造物的能力和力量，就是導致死亡，現在改變為神性的愛好與風味（*gusto y sabor*）。它被另一個更具生命力的原則——即天主的歡愉——推動和獲得滿足。因為已經和天主的結合，現在就只是對天主的欲望（*apetito de Dios*）。

最後，所有的行動、作用和傾向，先前來自靈魂本性生命的原則和力量，在這個結合中，都已經變成神性的行動，死於其作用和傾向，活於天主。因為靈魂，已真的如同天主的子女，在一切事上接受天主聖神的引導，如同聖保祿的教導，他說：「**凡受天主聖神引導的都是天主的子女。**」（羅八14）[27]

這樣，按照所說的，這個靈魂的理智是天主的理智，她的意志是天主的意志，並且她

27. 參閱《攀登》3·2·7－16，尤其是16節，他引用同一句聖保祿宗徒的，肯定成為「天主的子女」，就是在天主內神化，與祂結合，受聖神的引導。

的記憶，是天主的永恆記憶；還有，她的歡愉是天主的歡愉；及她的實體，雖然不是天主的實體，因為她不能實體地化為天主，但就像在這裡，她已經和天主結合且專注於祂，藉著分享而成為天主。這發生在靈性生命的成全境界中，雖然不像來世那樣的成全。於是，靈魂死於在她內的一切，這一切也死於她，靈魂生活於在她內是天主的一切。

為此，說到靈魂本身，本詩中說得好：「**經歷死亡，祢以生命變化死亡。**」㉘所以，靈魂在此能很恰當地說聖保祿的話：「**現在我生活，不是我生活，而是基督在我內生活。**」（迦二20）於是，這靈魂的死亡變成天主的生命，也合適引用宗徒的話，說：「**死亡已經被吞滅了**」（格前十五54），還有歐瑟亞先知代表天主說的話：「**死亡啊！我將是你的死亡。**」（歐十三14）這好像是說，我是生命，是死亡的死亡，死亡將被生命吞噬。

㉟ 這樣，靈魂被神性的生命所吞沒，遠離所有的世俗、現世和本性的欲望；她被帶入君王的酒室，在那裏歡躍於她的愛人，記憶起祂的愛撫甜於美酒，說：「**耶路撒冷女郎！我雖黑卻秀麗**」（歌一3－4），因為我本性的黝黑，已經變為天上君王的美麗。

㊱ 在這麼成全的生命境界中，靈魂的內外常洋溢著慶節的喜樂，她心靈的口舌很頻繁地向偉大的天主歡呼，彷彿詠唱一首永遠常新的新歌，其中蘊含的喜悅和愛，來自靈魂處於幸福境界時的認識。有時，她沉浸在歡樂和福境中，她的心靈說出約伯說的那些話：「**我的榮耀不斷更新，我的年歲增加有如棕櫚樹。**」（約二十九20，18）彷彿是說：**天主雖永**

28. 參閱《靈歌》26・5－10、13－18；36・5。

存不變，卻常能使萬象更新，如智者所說（智七27），現在已常常結合於我的光榮中，我的光榮不斷更新；這就是，我將不會日漸衰老，如往昔一般；我將增加年歲，有如棕櫚樹，就是向天高舉我的功勞，有如棕櫚樹揚起枝葉。

因為在這個境界中，靈魂的功勞在質和量上，通常都非常的卓越，在心靈內，往往也會向天主歌唱，唱出達味在聖詠（廿九）所說的一切，聖詠的首句是：「**上主，我稱揚祢，因祢救拔了我**」，特別是最後兩段：「**祢把我的悲哀化為舞蹈，脫掉我的苦衣，給我披上歡笑，為此，我的心靈歌頌祢永不止息，上主，我的天主我要永遠歌頌祢！**」（詠二十九12－13）

無須驚奇，靈魂這麼常處於這些喜樂、歡慶、福境和讚美天主之中，因為，除了領悟擁有所得到的恩惠外，在這裡，她感到天主這麼渴望取悅她，以這麼珍貴、柔巧和極度讚揚的話語使她愉悅，以各式各樣的恩惠提拔她，使靈魂覺得，在全世界中，天主沒有要施恩取悅任何人，也沒有要做任何事，所有一切都只為了她。懷著這樣的感受，宛如《雅歌》中的新娘，這樣地宣稱：「**我的愛人屬於我，我屬於我的愛人。**」（歌二16）

第三詩節

啊！火的明燈！
在祢的光輝中，
感官的深奧穴洞，
昔隱且盲，今放光芒，
完美絕倫地
一起獻給心愛主溫暖與明光。

註解第三詩節

① 為解釋本詩節的深奧含意，祈願天主樂意在此賜予祂的恩惠，這確實是非常需要的。讀者必須留意，因為，如果沒有經驗，或許本註解會有些隱晦和冗長，同樣，如果有經驗，可能會覺得清楚和愛不釋手。

在本詩節中，靈魂頌揚和感謝她的淨配，為了在與祂結合時所領受的崇高恩寵，在此述說經由結合，她領受對天主的豐沛與高貴的認識，這全然是可愛的，通傳光照和愛情給她靈魂的官能和感官，結合之前，它們「**昔隱且盲**」，現在卻能領受光照與愛的溫暖，因而能放射光和愛給那光照她、以愛充滿她的天主。真正的愛人，只當用盡自己所有的一切，即把所珍視、擁有和得到的一切，都用在愛人身上時，才會心滿意足；所給的愈多，在給予時，得到的滿足也愈多。靈魂在此因而歡欣喜悅，由於所領受的光輝與愛，使她能在淨配面前放射光芒並且愛祂。

詩句如下：

啊！火的明燈！

② 首先須知，明燈有二個特性，就是發光和傳熱。

為了明白靈魂在此所說的這些明燈是什麼，及如何在靈魂內照耀和燃燒而給予溫暖，應該知道，天主的獨一和單純存有中，全是祂的德能和雄偉的屬性；祂是全能、全智、良善、慈悲、公義、大能和深情的，等等；及我們不認識的其他無限的屬性與能力。在祂的單純存有中，祂是所有的這些屬性，天主與靈魂結合，當祂樂於揭示給靈魂這個認識，靈魂在天主內清楚地看見所有這些德能與雄偉，亦即：全能、智慧、美善、慈悲……等等。由於在天主獨一的基礎實體[1]，即聖父、聖子和聖神中，這些屬性每一個都是天主的存有，每個屬

1. 基礎實體：*suppositum*。參閱《靈歌》13・4；《黑夜》2・1・1。

性是天主的本身，天主是無限的光和無限的神火，正如前面所說的，在這裡，靈魂彷彿天主，透過這些無量的屬性中的每一個，放射光明和給予溫暖；這樣，這些屬性中，每一個是一盞明燈，光照靈魂，傳達愛的溫暖。

③ 只要這個結合中的一個動作，靈魂得到對這些屬性的認識，同時，對靈魂而言，天主就是這許多的明燈，個別地光照她，並傳達給她溫暖，由於靈魂清楚地認識每一盞明燈，透過這個認識，她被灼燃於愛中。

這樣，靈魂個別地愛所有的明燈，被每一盞，也被全部一起的明燈灼燃，因為所有的屬性是一個存有，如我們所說的。因此，所有的明燈是一盞明燈，按其德能和屬性，發光和燃燒，有如許多的明燈。為此，在認識這些明燈的一個單一行動中，靈魂經由每一盞明燈去愛，這麼做時，愛達到這樣的行動特質，經由各盞明燈去愛，也被各盞明燈愛，被所有明燈愛，也經由所有的明燈去愛。

因為，這天主存有之明燈放射的光輝，就其全能而論，天主以祂的全能，傳達給靈魂愛天主的光和熱。因此，天主是靈魂的一盞全能的明燈，按照這個屬性，賜給她光明和認識。這天主存有之明燈放射的光輝，就其上智而論，天主以祂的上智，賜給靈魂天主之愛的光和熱；因此，天主是上智的明燈。這天主明燈放射的光輝，就其慈善而論，天主以祂的慈善，賜給靈魂天主之愛的光與熱，因此，是慈善的明燈。還有，天主是公義、剛毅、慈悲及其餘所有屬性的明燈，這些全都在天主內一起呈現給她。

靈魂領受的所有聚集一起的光，通傳給她天主之愛的溫暖，靈魂以此溫暖來愛天主，因為天主是這一切；這樣，關於天主給予靈魂的通傳和顯示，我認為，在今世是極可能的，天主是靈魂的無數明燈，賜給她對天主的認識與愛。

④ 在西乃山上，當天主經過時，梅瑟看見這些明燈，他俯伏於地，開始大聲呼喊，數點其中的明燈：這樣說：「**君王，上主，天主②，慈悲、寬仁，緩於發怒，富於慈悲忠誠，對萬代的人保持仁愛，寬赦過犯、罪行和罪惡。**」（出三四6－7）從這段經文可以看出來，梅瑟在那裏認識了天主內的至高屬性和德能，亦即天主的全能、王權、神性、慈悲、公義、真誠、正義，這是對天主的至高認識。因為，這認識怎樣，通傳給他的愛也怎樣，他在那裏享有的，是最卓越的愛與福境的歡愉。

⑤ 所以，值得注意的是，靈魂在愛的出神中領受的歡愉，是從這些燈光的火通傳出來的，是極美妙和無限的，因為宛如許多明燈那樣的豐沛，每一盞在愛內燃燒，每一盞的溫暖也助長另一盞，而每一個火焰，助長另一個火焰；這也就像每一個光明，助長另一個光明，因為經由每一個屬性，也會認識另一個屬性；這樣，它們全部是一道光、一團火，而每一個，也是一道光、一團火。

在這裡，靈魂無限地被吞沒於柔巧的火焰中，被愛微妙地創傷，在它們的每一個，也

2. 按《思高聖經》是：「雅威！雅威！」此處按聖十字若望手抄本原文譯出。

在它們所有的（明燈、光或火）中，更被創傷，並生活在天主生命的愛中，她清楚地了悟，那愛來自永恆的生命，此乃一切美善的聚集③，靈魂在這裡多少體驗到這事，而且完全明瞭，新郎在《雅歌》中所說的真理，「這些愛的明燈，是火的明燈，也是火焰的明燈。」（歌八6）「君王的女兒，妳的步履和花鞋多麼美麗！」（歌七1）在妳明燈的美妙光輝和愛中，妳的歡愉和莊嚴，是多麼富麗堂皇，多麼無與倫比，誰能述說呢？

⑥《聖經》上記載，從前，有一盞明燈經過亞巴郎的面前，使他感到極其陰森恐怖，因為這盞明燈來自嚴厲的公義，後來要在客納罕人面前施行公義。（創十五12，17）

因為所有這些認識天主的明燈，以友誼和愛的方式光照妳，啊！富裕的靈魂哪！那使亞巴郎感到陰森和恐怖的明燈，在妳內產生愛的光明和愉悅是多麼大！又是多麼、及如何的卓越，而妳的歡愉是何等的境況，由於在一切內，從一切中，妳得到心滿意足和愛，天主親自通傳祂的屬性和德能給妳的官能。

因為，當一個人去愛和善待他人時，以其本質與特性去愛和善待他；同樣，妳的淨配，居住在妳內，正如祂是天主，祂賜給妳恩寵：因為，祂是全能的，祂以全能善待妳，愛妳；祂是上智，妳感到祂以智慧善待和愛妳；祂是無限的良善，妳感到祂以良善愛妳；祂是聖的，妳感到祂以聖善愛妳，賜恩給妳；祂是公義的，妳感到祂按照公義愛妳，施恩給妳；祂是慈悲、仁慈和寬仁的，妳覺察祂的慈悲、仁慈、和寬仁；祂是強壯、卓絕和柔巧的存有，

3. 這個定義來自 Boethius（480? － ?525，羅馬哲學家）, The Consolation of Philosophy 3．2。

妳感到祂對妳的愛是強壯、卓絕和柔巧的；正如祂是純淨和純潔，妳感到祂以純潔和純淨愛妳；正如祂是真實的，妳感到祂以真實愛妳；祂是慷慨的，妳感到祂慷慨大方、不顧任何利益地愛妳，施恩給妳，只是為了善待妳；正如祂是至高的謙德，祂以至高的善良和珍視愛妳，使妳與祂同等，經由這些對祂的認識，愉悅地親自顯示給妳（智六17），祂的聖容充滿了恩惠，並且告訴妳，在這個結合中，妳不會沒有極大的歡樂：「**我是妳的，也為了妳，我歡喜於我的所是，為能成為妳的，並把我自己給妳。**」

⑦ 那麼，誰能訴說妳的體驗呢？啊！幸運的靈魂哪！妳知道自己是這麼地被愛，又這麼地備受珍視。妳的肚腹，亦即妳的意志，宛如新娘的肚腹，好像一堆小麥，覆蓋圍繞著百合花。（歌七3）因為正當妳享受生命之糧的麥粒時，德行的百合花，圍繞著妳，給妳歡愉。因為這些是達味所說的：「**君王的公主們，她們將以沒藥、沉香及其他芬芳的香料，使妳歡愉喜悅。**」（詠四四9－10）因為對天主的恩惠與德行的認識，亦即心愛主通傳給妳的，可說是天主的公主，妳深深投入其中，如此地被充滿洋溢，妳也相似活水泉，從黎巴嫩山湍急奔流下來（歌四15），就是從天主奔流下來。

由於妳的靈魂，甚至妳的身體，完全的和諧，使妳充滿美妙的喜樂，全然成為一座天主灌溉的樂園，因為聖詠作者所說的話，也會實現於妳：「**河水的激流給天主的城帶來喜樂。**」（詠四五5）

⑧ 啊！多麼令人讚嘆的事！這時的靈魂充滿洋溢神性的水，好似豐沛的水泉，全面流溢神性的水！因為，雖然這是真的，我們所說的這個通傳，是這些天主明燈的光與火，不過這裡的火，如我們說的，這麼溫柔，是無邊無際的火，彷彿生命的水，以所渴望的激流來滿足心靈的乾渴。因此，這些火的明燈是聖神的活水，如同降臨於宗徒的那些火（宗二3）。雖然是「**火的明燈**」，也是純潔和純淨的水，因為厄則克耳先知這麼稱呼這火，當他預言聖神降臨時，說：天主在那裏說，「**我要在你們身上灑清水，我要將我的神傾注在你們五內。**」（則三六25－27）這樣，雖然是火，但也是水；乃赫米亞藏在旱井中的祭火象徵這個火：「**當祭火被暗藏時，這火是液體，當人汲出用於祭獻時，則為火。**」（加下一19－23；二1－12）

所以，這個天主的神，只要是隱藏在靈魂的血管裡，就像溫柔和愉悅的水，滿足心靈的乾渴；若是用來作為愛天主的祭獻時，就是火的活火焰，這是摯愛行動的明燈，也是火焰的明燈，如同前面引證的《雅歌》中的新郎④。因此，靈魂在這裡稱之為火焰，不只在己內品嘗起來如同水，而且在修行天主的愛時，如同火焰。

因為，只要心靈通傳的這些明燈，是靈魂被灼燃，被放入愛的修行，愛的行動中，與其說是水，不如說是明燈，靈魂於是說：「**啊！火的明燈！**」

在本詩節中，所有能述說的，都遠不如其本體實有，因為靈魂在天主內的神化是不可

4. 「你的明燈是火和火焰的明燈。」（歌八6）

言喻的。以下這句話說出了全部的意涵：藉著分享天主及其屬性，靈魂成為來自天主的天主，這些屬性就是所說的「**火的明燈**」。

在祢的光輝中

⑨ 為了明瞭靈魂在此所說的這些「**明燈**」的「**光輝**」是什麼，及靈魂如何在其中發出光輝，須知，這些光輝是愛的認識，從天主的屬性明燈傳達給靈魂，這些光輝與她的官能結合，她也發光如同它們，在愛的光輝中神化。

這個光輝的照射，使靈魂在其中發光，懷著愛的溫暖，這不像物質明燈的發光，以其火焰照亮周圍的東西，卻像火焰內的光明本身，因為靈魂處在這些光輝內。為此她說：「在祢的光輝中」，就是說在裡面。

不只如此，如我們說的，也在光輝內神化。所以，我們說如同在火焰裡面的空氣，在火焰內燃燒和焚化，因為火焰無非是燃燒的空氣；那火焰的行動與光輝，不只來自空氣，也不只來自燃燒中的火，而是同時來自空氣和火，火促使它內的空氣燃燒，產生同樣的行動與光輝。

⑩ 因此，我們了解，靈魂及其官能在天主的光輝內受到光照。這些神性火焰的行動，

就是我們前面說的劈拍熾燃和火焰，不只來自靈魂在聖神的火焰內神化，也不只從聖神產生，而是祂和靈魂連結一起，祂推動靈魂，如同火使空氣燃燒。這樣，天主和靈魂的這些動作連結一起，不僅只是光輝，也是靈魂的受光榮。因為這些行動和火焰，是歡樂的遊戲和佳節，我們在第一詩節的第二詩行說，是聖神在靈魂內的作為，這就好像祂經常願意，就要賜予靈魂永恆的生命，就要提拔她達到完美的光榮，已經要帶她真的進入祂內。因為天主給予靈魂的恩惠，無論是先是後，是大是小，祂這麼做的動機，始終都是帶領她達到永生；確實這樣，就像火焰的所有行動和燃燒，會合灼燃的空氣，目的是把空氣和火焰本身帶入其中心領域。所有的這些行動，持續不斷地帶領空氣更靠近火焰的中心。然而，這就好像，因為空氣存在於其領域內，火焰並不攜帶空氣，同樣，雖然這些聖神的行動，至極有效地吸引靈魂專注於卓絕的光榮，除非靈魂離開肉身生命的空氣領域，能夠進入基督成全生命的心靈中心，仍是無法完成任務。

⑪ 不過，必須知道，這些行動更是靈魂的行動，而非天主的行動，因為天主是不動的。所以，這些給與靈魂的光榮瞥見，是在天主內持久穩定、成全完善、持續不斷，及堅定不移的寧靜。靈魂後來也會真的如此，沒有多或少的變化，也沒有這些行動的闖入。那時靈魂清楚地看見這是怎麼一回事，雖然在今世，好像是天主在她內行動，而天主本身卻是不動的，如同火一樣，在其領域[5]內也是不動的；也明白，由於她尚未處於榮福中的成全之境，

5. 其領域，意指火焰的中心。

在這光榮的體驗中，才會有那些行動和燃燒的火焰。

⑫ 根據所說的，以及現在要說的，會更清楚了解這「明燈的光輝」是何等的卓絕非凡，因為它們的另一個名稱是「**庇蔭**」。

為了理解這個語詞，須知，庇蔭等於是投出影子，而投出影子就是護祐、施惠和賜予恩寵。因為有影子遮蓋時，這是一個記號，表示有人靠近，要來施惠和保護她。為此，在天主聖子降孕時，天主賜予童貞瑪利亞的那個極大的恩惠，聖佳播天使稱之為聖神的庇蔭，說：「**聖神要臨於妳，至高者的能力要庇蔭妳。**」（路一35）

⑬ 為了明白了解這個「**投出天主的影子**」是怎麼回事，或說是庇蔭或光輝，這全都是一樣，要知道，每個事物，按其體積和特質，都有影子，也投出影子。如果東西是不透明和黑暗的，投出的影子也是黑暗的，如果東西透明和柔巧，會投出透明和柔巧的影子；這樣，一個黑暗的影子，就其黑暗的程度，相當於另一個黑暗；一個光明的影子，就其光明的程度，等於另一個光明。

⑭ 那麼，正如天主的這些德能和屬性，是灼燃和輝煌的明燈，這麼的靠近靈魂，如我們所說的，不能不以其影子接觸靈魂，就明燈投出的影子，這些影子必然也是灼燃和輝煌的；這樣，這些影子，是輝煌的。因此，依理而論，天主的美麗明燈向靈魂投出影子時，依照天主的美麗程度和特質，這個影子成為另一個美麗；投出剛毅的影子時，等於另一個

相應對的天主剛毅；天主的上智投出的影子，成為另一個相應對的天主上智；其餘的明燈，以此類推，或更好說，來自天主的影子，就是天主的智慧、天主的美麗、天主的剛毅，因為在今世，靈魂不能完美地領悟天主；這些影子來自天主的形態和特質，是天主本身的影子，靈魂能清楚認識天主的卓越非凡。

⑮ 就此而言，聖神投向這個靈魂的影子，即其德能和屬性的宏偉影子，會是什麼呢？祂這麼靠近靈魂，不只在影子裡接觸靈魂，而且在影子和光輝中和靈魂結合，致使靈魂在每個影子中，按照天主的特質和形態，了悟和享受天主。因為，在全能者的影子裡，她了悟和享受天主的全能；在上智的影子裡，她了悟和享受天主的智慧；在圍繞著無限幸福的影子裡，她了悟和享受無限的幸福，等等。最後，在光榮的影子裡，她享受天主的光榮，使她了解天主光榮的特質和形態。這一切事發生在透明和灼燃的影子裡，這些影子來自那些透明和灼燃的明燈，全部的明燈都在天主獨一和單純存有的一盞明燈內，以全部的這些方式，真實地發光。⑥

⑯ 啊！那麼，厄則克耳看見的四個面容的活物，及那個四個輪子的車輪（則一5，15），靈魂在此的感受是什麼？所體驗的認識和通傳是什麼呢？他看到其外表彷彿相似燃燒的火炭，也像明燈（則一13）；看到車輪，亦即天主的上智，裏裏外外，佈滿眼睛，那是神性的認識及祂德能的光輝（則一18）。還有，在他的心靈內，聽到活物行動時的聲音，

6. 士林學者論及認識天主有兩種方式，一是否定的方式，另一是卓越的方式（way of eminence）。這裡的神祕領悟相似以卓越之路認識天主，所有的一切能被視為一個完美的純潔和單純，沒有不完美的痕跡，以卓越的方式歸屬天主。然而，天主不是部分的集合，在祂內，所有的屬性是祂的存有，而非像人那樣，只是附屬的部分。有個例子類似否定方式的神祕領悟，請參閱《靈歌》7·9。

好像是群眾和軍隊的聲音，象徵天主的無數宏偉，在這裡，靈魂藉著只一次經過的聲音，天主賜給她很清楚的認識；（則一24）以及最後，享受到翅膀颯颯的拍動聲，先知說：這好像洪水的聲音，又像至高天主的聲音，這些聲音表示洪流，即我們說的神性之水的洪流（則一24），在愛的火焰中，聖神鼓動翅翼，悅樂靈魂，襲擊她，在天主的形像和影子中，靈魂在此享受天主的光榮，正如這位先知也說，神視中的活物與車輪是上主光榮的形像。

這幸福的靈魂在此感受的是何等的提拔，知道自己多麼受舉揚，明白在神聖的美麗中，多麼令人讚賞，誰能訴說呢？她看到這樣的襲擊方式，是以如此豐沛的神性光輝之水來襲擊，她看出來，永恆之父已慷慨賜給她上泉和下泉之地，如阿革撒的父親答應她的請求（蘇十五17－19）；所以，這些水滲透灌溉靈魂和肉身，亦即，上分與下分。

⑰ 啊！天主的奧妙卓絕！這些神性屬性的明燈是一個單純的存有，也只有在祂內才能享有，它們被分明地看見和享有，各個都這麼的灼燃，各個都是實體性的。啊！歡愉的深淵！祢愈豐盈，祢的富裕也愈凝聚，凝聚在祢獨一存有的無限單一和單純裏，在那裏，認識和享有某屬性，毫不阻礙對另一屬性的完美認識和享有；反而，在祢內每個這樣的恩惠和德能，都是祢其他崇偉屬性的光明。因為，由於祢的純淨，啊！天主上智！透過一個明燈，可在祢內看見許多事物；因為，祢是天父財寶的貯存所，「**在祢的光輝中**」，「**是永恆光明的光輝，是天主美善的無瑕明鏡和形像。**」（智七26）

感官的深奧洞穴

⑱ 這些「洞穴」是靈魂的官能：記憶、理智和意志；這些官能這麼「深奧」，其包容力極大，所以，除了無限，它們無法被填滿。當這些洞穴空虛時，從所遭受的痛苦，我們多少會明白，它們被天主充滿時的歡樂和愉悅，因為相反的一面闡明另一面。

首先，值得注意的是，當這些官能的洞穴，對所有受造物的情感，尚未空虛、煉淨和潔淨時，無法感受其深奧包容力的極大空間；因為在今生，任何一個粘住官能的小東西，都足以這麼的妨礙和迷惑它們，使它們理會不到這個損害，不留意其無限的美善，也不覺察其包容力。

這是令人驚嘆的事，官能具有容納無限事物的能力，即使是最微小的一個東西，都足以阻礙官能，除非洞穴完全空虛，無法接受無限的美善，如我們後來會說的。

不過，當洞穴空虛又潔淨時，心靈感受到的乾渴、飢餓和切望是忍受不了的。因為，正如這些洞穴的胃是深奧的，所受的痛苦也是深奧的，因為，所缺乏的食糧也是深奧的，如我說的，這食糧就是天主。

這個如此崇高的感受，通常發生在靈魂受光照和淨化接近終點時，在達到結合——結合時靈魂已滿足——之前。因為，心靈的欲望對所有的受造物，及對受造物的情感，已被空虛和煉淨，也失去本性的特質，適宜承受神性的事物，已有了備妥的空間，然而，在與天主結合時的神性事物，仍然還沒有通傳給她，這個真空和渴望的痛苦更甚於死亡，尤其是，當一道神光，透過某些瞥見和隙縫顯現，卻沒有通傳給靈魂時。就是這些人，懷著焦急無耐的愛而受苦，他們不能長久地處於既得不到，又不死的情況中[7]。

⑲ 關於我們在此提出的第一個洞穴，亦即理智，它的空虛是渴望天主。當理智備妥時，渴望是這麼強烈，達味比喻為小鹿的乾渴，他找不到比這更好的比喻，聽說這是最猛烈的渴，達味說：「**天主，我的靈魂渴慕祢，就像小鹿渴望清泉。**」（詠四一2）這個渴望是渴求天主上智的水，亦即理智的對象。

⑳ 第二個洞穴是意志，它的空虛是對天主的飢餓，這麼的強烈，致使靈魂四肢無力，關於這事，達味也說：「**我的靈魂渴慕上主的庭院，而至精疲力衰。**」（詠八三3）這飢餓是渴求愛的成全，是靈魂所追求的。

㉑ 第三個洞穴是記憶，這個空虛是靈魂對擁有天主的憂心和熱愛，如同耶肋米亞的註釋，他說：「**我以記憶想念著**（這就是，時常記得祂），**我的靈魂在我內熔化**（在我的心中一再回想這些事，我將生活在對天主的希望中）。」（哀三20－21）[8]

㉒ 所以，這些洞穴的容量是深奧的，因為它們能容納天主，而祂是深奧和無限的；這樣，從某方面來說，它們的容量無限，所以，渴望也無限，它們的飢餓也是深奧和無限

7. 這是典型的淨化經驗，心靈的黑夜中，處於神訂婚的階段時會有的情況，參閱《黑夜》和《靈歌》的解釋。
8. 思高聖經的譯文：「我的心愈回想，愈覺得沮喪，但我必要追念這事，以求得希望。」
9. 指煉獄的痛苦。

的，它們的憂心忡忡和痛苦是無限的死亡。雖然所受的苦不會如同來世那樣強烈⑨，然而，卻是那樣被無限剝奪的一個活形像，靈魂處在某種準備中，為接受她的圓滿。

雖然如此，這個痛苦有著另一個性質，因為是在意志的愛之深凹處，是不能減輕痛苦的愛，那麼，這愛愈大，對那要擁有天主的渴望，也愈覺得忍無可忍，因為她強烈地渴望祂，時刻不斷。

㉓ 然而，天主啊！聖國瑞論及聖若望所說的⑩倒是真的：對於那已經擁有的，又怎能受苦呢？關於這渴望，聖伯鐸說，連**眾天使也都切望窺探天主聖子**（伯前一2），因為已經擁有時，就不會有什麼痛苦，也沒有懸念。這樣，彷彿是，如果靈魂渴望天主愈多，擁有天主也愈多，對天主的擁有給予靈魂歡愉和滿足——如同眾天使，他們的渴望得到滿全，在擁有中歡欣喜悅，其神魂的欲望總是飽足，不會厭煩和生膩；為此，因為沒有厭煩，他們經常渴望，他們沒有痛苦，因為他們已經擁有——，這裡，在這個渴望上，靈魂感受的滿足與喜樂愈大，渴望也愈大，所以她擁有天主也愈多，而且沒有憂傷和痛苦。

㉔ 關於這事，值得注意的是，只藉著恩寵擁有天主，及還藉著結合擁有祂，兩者之間有所不同。因為一個在於愛，另一個還包括交往，其不同有如訂婚與結婚的分別。

因為在訂婚時，雙方只有彼此的同意和願意，新郎慇勤地獻禮，送給未婚妻珠寶和飾物；但是在結婚時，還有彼此之間的交往和結合。在訂婚的時期，雖然新郎有時拜訪新娘，

10. Hom. 30 in Evang.: PL 76, 1220。
11. 意即，要等到結婚才有結合，訂婚期內沒有結合。
12. 上分與下分（*la parte inferior y superior*）：意指人的兩個部分，一是高級的部分指心靈的層面，低級的部分指感官的層面。

送給她禮物，如我們說的，彼此並沒有結合，結合是訂婚的終結。⑪的確，當靈魂自身及其官能已達到這麼純潔時，按照其上分與下分⑫，對於其他無關的愛好和欲望，意志深受煉淨，對於在天主內所有的這一切，毫無保留地獻給天主一個「是」，在自我和自由的同意下，天主的意志已經和靈魂的意志合一，經由意志的恩惠，靈魂達到擁有天主，這一切是經由意志與恩惠能夠擁有的。這就是，在她的「是」中，天主已經給予祂真實的「是」，及其完整的恩惠。

㉕ 這是靈魂和聖言神訂婚的崇高境界，在此期間，新郎賜給她崇高的恩惠，常常給予愛的探訪，使靈魂得到崇高的恩典⑬和愉悅。然而，這和結婚所獲得的不能相提並論，因為這一切是為婚姻的結合做預備；雖然這是真的，神訂婚發生在靈魂已受到徹底的煉淨，淨化對所有受造物的情感──因為，如我們說的，直到完成煉淨，不會有神訂婚──靈魂仍然需要有來自天主的積極準備，要有天主的探訪和禮物，藉此更進一步地淨化、美化和精煉她，妥當地預備好來領受這麼崇高的結合。

這個預備需要時間，有的人長，有的人短，因為天主行事是按照靈魂的模式。⑭那些被薛西斯王召選的少女，象徵這事，雖然她們已蒙召選，離開家鄉，離開父家，即使已在王宮內，尚未親近君王之前，仍然必須等候一年，包括，前半年內，應該用沒藥和其他的香液潤身預備，後半年使用其他更高貴的油脂，以後才可以親近君王（艾二3，12）。

13. 崇高的恩典（*grandes favores*）。不過，有的抄本寫的是 *grandes sabores*，意思是「強烈的歡愉」。兩者都可以接受。
14. 天主的帶領總是配合靈魂的時間和速度，詳細的解釋，請參閱《攀登加爾默羅山》 2・17・1－8；《靈歌》23。

㉖那麼，在此訂婚及等待結婚和聖神傅油的期間，預備與天主結合的油脂更是崇高，靈魂洞穴的焦渴通常是至極和微妙的；因為，正如那些油脂已經是與天主結合的更近準備，因為是更親近天主，為此，它們吸引靈魂，使她更巧妙地取悅天主，對祂的渴望更是柔巧和深奧，因為渴望天主，就是準備與祂結合。

㉗啊！這是多麼好的地方，勸告被帶領達到柔巧傅油的靈魂，要留意自己的作為，及交在什麼人的手中，而不致回頭向後！雖然這不在我們談論的範圍內，可是，我的心深感遺憾和同情，看到靈魂回頭向後，不只阻礙傅油，沒有得到進步，甚至失掉傅油的效果，我不能不在此勸告她們，要如何避免這麼多的損害，雖然重回本題之前，我們會稍微耽擱⑮；我們希望很快言歸正傳，但這一切有助於理解這些洞穴的特質。這是非常要緊的，不只對這些非常精進的靈魂，對所有尋求心愛主者亦然，我願談論這事。

㉘首先須知，如果靈魂在尋找天主，她的心愛主更是在尋找她；如果靈魂把她愛的渴望，全都送去給天主，就像沒藥、乳香、各種香料的煙柱（歌三6），芬芳四溢地上達天主，天主會遣送給她香膏的芬芳，藉以吸引她，拉著她隨祂奔跑。（歌一3）這些就是祂神性的默感與接觸（*divinas inspiraciones y toques*）；只要這些默感與接觸是從天主來的，通常會被天主的成全法律和信德所約束和規範，藉此成全的途徑，靈魂必會達到常常更親近天主。這樣，靈魂必須了解，在油膏的傅抹和芬芳，所賜予的所有恩惠中，這個對天主

15. 這是明知故意的離題，其實和所談的主題沒有太大的關係，但卻是十字若望很清楚的意向。從 27 到 67 節，很長的離題可以分為四個部分：1）27 － 29：天主是主要的行動者；2）30 － 62：靈修指導者，如果不是幫助，就是阻礙；3）63 － 65：魔鬼的滲透，存心干擾；4）66 － 67：靈魂不會自我引導。他最主要的勸告，是針對靈修指導者，他們往往不能勝任又輕率，足以造成無數的損害。藉此痛斥他們的無知和自大，同時給予教導，幫助靈魂度過這個微妙和發展中的過渡期。他抨擊不夠格又霸道的靈修指導者，強調兩個原則：1）天主是恩惠的施予者，天主按祂的意願帶領每個靈魂，到祂願意她們去的地方；沒有人能拿走靈魂做天主子女的自由；2）從默想到默觀，是非常微妙又決定性的過渡期；要指導處於此一階段的人，必須具有豐富的經驗，也要很明智。

的渴望，是在準備她接受其他更高貴和柔巧的油脂，使她更相稱天主的特質，直到準備好靈魂，達到這麼柔巧和純潔的程度，堪當與天主結合，而且她的所有官能，都實體性地神化。

㉙ 那麼，靈魂應該留意，在這事上，天主是主要的行動者，如同瞎子的嚮導，祂必須親手帶領，引導靈魂到她不會去的地方，就是達到超性的事物，她的理智、意志和記憶都不能知道是怎麼回事；她應該全心留意，在這條引導的道路上，不要放置任何障礙，如我們說的，這道路是天主以祂的完美法律和信德安排的。

障礙是能夠發生的，如果靈魂讓其他的瞎子帶領和指導。能使她偏離正道的瞎子有三：神師、魔鬼和她自己。為了使靈魂了解這是怎麼回事，我們要談談每個瞎子。

㉚ 關於第一個瞎子，這是很重要的，當靈魂渴望在收斂和成全上進步時，要注意，她把自己交在什麼人手中，因為有其師必有其徒，就像有其父必有其子一樣。她要知道，在這旅程中，尤其是處在最崇高的境界時，甚至只在半路上，她幾乎找不到一個嚮導，能滿足她的全部需求，因為，除了博學和謹慎之外，指導者也必須有經驗。因為，指導靈魂達到靈性的境界，雖然其基礎是知識和謹慎，但如果指導者毫無經驗，不知道什麼是純潔和真實的心靈，必定無法帶領靈魂上路，當天主恩賜靈魂前進時，他甚至會茫然不知。

㉛ 結果，許多神師使許多的靈魂遭受許多的損害⑯，他們不懂心靈的道路和特質，通常會使靈魂失落這些微妙脂膏的傅抹，聖神以脂膏為祂自己而傅抹和預備她們，神師卻

16. 請讀者注意，聖人在一句當中用了三次「許多」，彷彿在強調《攀登加爾默羅山》序・3 所說的：「這對很多的靈魂非常必要」。

教導她們其他卑劣的方法，這些是他們自己使用，或在某處讀到的，只適用於初學者。他們知道的不會超過這些，甚至，天主保祐，他們不願靈魂越過初學階段，越過推論和想像的模式，即使天主願意帶領她們。就這樣，神師不讓她們超越和離開本性的能力，但是憑著本性的能力，靈魂能做的少之又少。

㉜ 為能清楚了解這個初學者的情況，須知，初學者的處境和神業是默想、做動作和以想像修行推理。在此階段中，必須給靈魂默想和推理的材料，她該親自做內在的動作，在靈性事物上，獲得感官的愉悅和趣味⑰，因為，用靈性事物的愉悅餵飽欲望，使欲望根除感官事物的愉悅，也會對世物淡泊寡慾。

不過，當欲望有點被餵飽，又多少已習慣於靈性的事物，又有了一些剛毅和恆心時，如人們說的，天主隨即開始讓靈魂斷奶，就是把她放在默觀的境界，有的人在很短的時間內進入這個境界，這是經常發生的，尤其是修道人，因為他們比較快棄絕世物，使感官和欲望能適應天主，使他們的修行達到靈性的境界，天主是這樣在他們內工作。這事發生在，靈魂的推理和默想，及最初的感性趣味和熱心停止時，她已不能像過去那樣推理，也找不到任何感官的支持，感官處在乾枯之中，由於感官的富裕轉移到心靈，不屬於感官。

靈魂能做的所有本性作用，無不經由感官，但在這裡，天主已是這個境界的行動者，靈魂是領受者；因為她只能如同領受者，像是有人在她內做事，天主是施予者，也是在她

17. 趣味：原文為jugo，即汁，漿，精髓之意。請參閱《攀登加爾默羅山》3·37·2的註解，及《靈歌》17·2。

內工作的那位，在默觀中賦予她靈性的美物，默觀是神性的愛與認識結合一起，亦即，愛的認識，靈魂沒有使用她本性的動作和推理，因為她已不能像過去一樣，進入這些動作中。

㉝ 因此，這時，要以完全異於先前的方式帶領靈魂。如果先前，他們給她默想的材料，她就默想，現在相反的，要拿走默想的材料，也不要默想，因為，如我說的，雖然願意默想，也辦不到，如果收心斂神，也是分心走意。先前她尋求趣味、愛和熱心，會找得到，現在既不想找，也找不到，因為不僅單憑她的勤勉，無法尋獲，相反的，找到的是乾枯，由於想要用感官工作，而使自己轉移注意力，離開已經祕密賜給心靈的美好平安和寧靜；這樣，失落了一個，又得不到另一個，因為這些美善的賜予，不是經由感官，如同先前那樣。為此，處在這個境界，絕不應該強迫她默想，不該操練動作，也不該力求愉悅和熱情；因為，這樣會放置障礙，阻擋第一行動者（*principal agente*），如我說的，第一行動者就是天主，祂隱祕又寧靜地，在靈魂內放進愛的智慧和認識，沒有做出特別的動作，雖然有時候，天主會以某種延續，在靈魂內做特別的動作。因此，靈魂也必須以對天主愛的注視前進，不做特別的動作，她應該以被動自持，如我們說的，不以她的勤勉工作，而是懷著單純和質樸的注視，如同以愛的注視張開雙眼的人。

㉞ 那麼，天主是以給予的模式，藉著單純和愛的認識與靈魂交往，靈魂則是以領受的模式，也藉著單純和愛的認識或注視與天主交往，因此認識與認識，愛與愛相連結。因

為領受者最好按照所領受的模式領受，而非其他的方法，為了能夠領受且擁有所賜予的；因為，如哲學家們說的：「**凡所領受的，全按照領受者的模式而領受。**」⑱

因此，顯然地，如果靈魂沒有放開她本性的主動模式，就只能以本性的模式領受那美善。這樣，她將領受不到，反而只留守在本性的動作裏；因為，超性的模式容納不下本性的模式，兩者沒有任何的關係。所以，如果靈魂想要靠自己工作，以不同於我們說的模式——被動的「愛的注視」，非常被動和寧靜，沒有做本性的動作——，如果不是天主以某動作親自與她結合，她能夠阻礙，在愛的認識中，天主超性地通傳給她的美善。這事開始發生在忍受內在煉淨的痛苦時，如我們前面說的，後來卻會在愛的溫柔中。

這個愛的認識，若如我說的，真的是這樣，是在靈魂內，以天主的超性模式，而非靈魂的本性模式，被動地領受的，因此，為了領受這愛的認識，她的本性作用應該被徹底滅絕，按照天主的模式，成為沒有阻礙、悠閑、安靜、平安和寧靜的。這就好像空氣，煙霧愈被清除乾淨，愈單純和安靜，太陽的光亮和溫暖也會愈多。所以，靈魂不該執著什麼：無論是修行默想，或任何的愉悅，有時是感官的，有時是心靈的；或不管別的什麼領悟，全都不該執著，因為這要求心靈對所有一切這麼的自由和滅絕，無論她想倚靠的是什麼：思想、推理或滿足，都會阻礙靈魂擁有的深奧靜默，使之擾亂不安、發出噪音，靈魂的心靈和感官擁有此深奧的靜默，是為這麼深奧和柔巧的聆聽。在此靜獨中，天主和靈魂談心，這是

18. 參閱《黑夜》1·4·2。

祂藉著歐瑟亞說的（歐二14），在至極的平安和寧靜中，如同達味，靈魂傾聽上主天主說的話（詠八四9），因為天主在此靜獨中，講述這個平安。

㉟ 為此，當這事發生時，靈魂意識到被放在靜獨和聆聽中，此時甚至連我說的修行「愛的注視」，也應該忘記，為的是保持自由，專注於當時上主對她的渴望。因為那「愛的注視」只該用在，當她感到自己沒有在靜獨、內在的悠閑、或心靈的遺忘和傾聽時。關於這事，是可辨識的，這往往伴隨著某種平靜、平安與內在的專注。

㊱ 於是，無論何時，當靈魂已開始進入這個單純和悠閒的默觀境界，這發生在她已不能默想，也做不到時，她就不該做默想，或在心靈的愉悅和趣味上尋求支持，卻要立直自己的腳，懷有徹底超脫萬物的心靈，如哈巴谷說的，他必須這麼做，為能聆聽天主對他說的話，他說：「**我要立在守望台上，置身在堡壘上窺探，我要默觀對我所說的。**」（哈二1）大意是說：我要高舉心思，超越能陷於我感官的作用和認識，及那些自己能看守和保留的，把它們全都留在下面；我要站在我官能的守望台上，不許官能的作用越前一步，使之能領受天主通傳給我的默觀，因為我們已說過，單純的默觀就在於領受。

㊲ 如果沒有心靈的靜默，及超脫推理的愉悅和認識，不可能領受這個天主的至高智慧和言語，亦即默觀。因為依撒意亞這麼說，透過這些話：「**祂要將知識傳授給誰呢？向誰解釋啟示呢？**」先知即回答：「**向方才斷奶**（這就是，趣味和滿足），**和剛離開母懷的**

嬰兒嗎（這就是，個別的認識和領悟）？」（依二八9）

㊳ 啊！屬神的靈魂哪！去掉那些塵埃、毛毛和霧氣，潔淨妳的眼睛吧！明亮的太陽會來光照妳，妳也會看得很清楚。把靈魂安置在平安中，帶她出來，釋放她，除掉她個人能力虛弱作用的軛與奴役，這就是埃及的囚禁，在那裡，收集的麥桿不足以烘製磚塊。（出五7－19）啊！神師哪！帶領她到流奶流蜜的預許福地吧！（出三8，17）請看！為得到天主子女的這個神聖的自由與悠閒，天主召叫靈魂進入沙漠，她披戴著佳節的禮服和金銀珠寶，行走在沙漠中，她已經離開埃及，掠奪了埃及的富裕，亦即感官的部分。不僅如此，埃及人也被沉溺在默觀的海洋中，（出十四27－28）在那裏，感官似的埃及人，找不到立足點或支持，全都被淹死，釋放了天主的子民，就是從感官作用的狹窄限制和奴役中脫身的心靈，從她的小小理解、她的卑劣感覺，她貧窮的愛與享受中釋放出來，使天主能夠給她柔軟的瑪納，雖然瑪納具有一切的味道和美味，（出十六13－25；33－35；智十六20－21）但你還是要靈魂辛勞工作，總之，由於瑪納極為細緻，入口即化，如果混雜別的味道，或別的東西，就會品嘗不出其中的美味。

所以，當靈魂靠近這個境界時，要力求使她超脫，不貪求任何的趣味、愉悅、滿足和心靈的默想，不要以操心和掛慮天上的事，更不用說地上的事，來擾亂她，把她安置在可能達到的完全退隱和獨居中；因為愈深入獨居，就愈快達到這個悠閒的寧靜，神性上智的靈[19]也愈豐沛地灌注給她，這就是愛、寧靜、獨居、平安、溫良和心靈的陶醉，在其中，靈魂感到被強奪、被柔巧又溫柔地創傷，不知從誰而來，不知從那裡來的，也不知是怎麼回事。理由是，因為這個通傳沒有她自己的作用。

㊴ 在此神聖的悠閒和獨居中，天主在靈魂內做點像這樣的事，是個無量的美善，有時遠超過靈魂及其指導者所能料想的。雖然當下並非看得這麼清楚，但時候一到，就會明顯看出來。至少靈魂現在能得到的感受，是退隱和遠離萬物，往往比其他的時候有更強的感受，在心靈的生命與愛的溫柔噓氣中，傾向獨居，及厭煩所有的受造物與世物。因此，不是這個退隱中的一切，都變得乏味，因為，如人們說的：「**嚐到了屬靈滋味，凡屬血肉之事即失其味。**」[20]

㊵ 然而，這個靜默的通傳和默觀，在靈魂內留下印象，她那時並不覺察此事，如我說的，乃是一個無量的福分；因為是聖神最隱祕的傅油，為此，也是最微妙的，隱密地使靈魂充滿靈性的富裕、禮物和恩惠；因為，天主是施予者，這麼做，只因為祂是天主。

㊶ 那麼，這些傅油和調配，是這麼微妙和崇高，係來自聖神，由於它的精鍊，及它的精巧純潔，靈魂和神師都不了解它們，只有為使靈魂更悅樂祂而賜予的那位了解，而極其容易地，會擾亂和阻礙傅油的，無非是靈魂那時想要用她的記憶、理智、意志、或運用感官、欲望、認識、或趣味、滿足，做出可能渴望的最小動作。這是最嚴重的損害，也是至極的

19. 神性上智的靈：*el espíritu de la divina sabiduría*。
20. 這句靈修格言也出現在聖伯爾納多的 Epistola 111, ML 182, 2588。 參見《攀登加爾默羅山》2・17・5；《靈歌》16・5。

悲傷和遺憾。

㊷ 啊！多麼嚴重又令人非常驚奇的事！介入那個神聖的傅抹，看來像是沒有損害，也幾乎是沒什麼事，其實是很大的損害，也是很大的悲痛和同情，甚於看到動搖和破壞許多平凡的靈魂，她們尚未被安置在如此崇高的彩飾與色彩中。這就好像，如果在一副畫藝極精巧的肖像上，被粗笨的手塗上陰暗和粗俗的顏色，這樣的破壞是更惡劣和明顯的，也會更令人惋惜，遠超過許多較普通的肖像畫被人塗抹。因為，那手是這麼巧妙，亦即聖神的手，而那粗劣的手卻是糟塌毀損，誰能再行修復呢？

㊸ 這個損害之大，無法再誇大其辭了，但卻又這麼的普遍和頻繁，幾乎找不到一位神師，當天主開始使靈魂收心於這個默觀方式時，他不使靈魂遭受損害的。因為，天主多麼頻繁地以非常精緻的靈膏，傅抹默觀的靈魂！就是以愛的認識、寧靜、平安和獨居，及遠離一切感官和可思想之事的靈膏；為此，靈魂不能默想，不能思想任何的事，也不能享受天上和地下的事，由於天主已帶領她專注於那孤寂傅油，傾向於悠閒和獨居；萬一來了一位神師，他像個鐵匠，所知道的無非是鎚擊和敲打官能，而且，他的教導不會超過那個方式，他所知道的，不外乎做默想，他會說：「來吧！妳們要撇開這些休閒，那是偷懶和浪費時間，而是要忍耐，要默想，也要做出內在的動作，因為妳們必須善盡本分，其他全是錯誤的道路[21]，是傻事。」

21. 原文在此使用 *alumbramientos*（光照），其實是引申之意，當時的神光派人士（alumbrados）被視為異端，所以使用這個字表示「錯誤的道路」。

㊹ 因此，不懂祈禱的等級，也不知心靈的道路，他們看不出來，那些他們說靈魂該做的動作，及他們希望靈魂修練的推理之路，都已經完成了，因為那靈魂已達到了對感官和推理的捨棄和靜默；已經達到心靈之路，亦即默觀。在默觀中，感官的作用，及靈魂自身的推理作用停止，只有天主是行動者，那時，祂祕密地與獨居中的靈魂談話，靈魂處於靜默中；如果那時的靈魂，已經達到了我們說的這個心靈之路，他們（這些指導者）仍要她行走感官的道路，她必會回頭退步，且分心走意；因為已經達到旅途終點的人，如果仍然繼續上路為達到終點，必會離開終點，此外，還是個可笑的事。

這樣，經由官能的作用，已經達到所有神修人追求的寧靜收心，這時，官能的作用已經停止，又再從頭用官能做動作，為達到我所說的收心，這不僅無濟於事，而且還有損害，由於放棄已經擁有的收心，使得她分心走意。

㊺ 那麼，如所說的，這些神師不懂什麼是收心，不知靈魂的心靈獨居，也不知其特性，在這獨居中，天主把這些崇高的傅油，深植在靈魂內，他們卻要以較低級的心靈來操練，就如我們說的，那就是以靈魂的工作，來壓迫或干涉傅油。靈魂自己的作為，與靈魂接受天主的帶領，兩者間的不同，無異於人性和神性的工作，及超性和本性；因為，一個是天主在靈魂內的超性工作，另一個只是她在做工作，無非是本性的。

更糟的是，由於操練她的本性作用，喪失了內在的獨居和收心，結果，天主畫在靈魂內的崇高作品也隨之失去；這樣，一切都好像是在鎚擊馬蹄鐵，他一方面作出損害的事，另一方面又毫無所獲。

㊻ 這些指導靈魂者要覺察和細想，在這件事上，靈魂的主要行動者、嚮導和推動者，不是他們，而是聖神，祂絕不會疏忽靈魂；他們只是工具，藉著信德和天主的法律，按照天主賜給每個人的神恩，指導靈魂達到成全。

所以，他們的全部關懷，不是讓靈魂適應他們自己的方法和境界，反而應該留意，他們是不是知道天主要帶領她們到哪裡；如果他們不知道，就要放開她們，不要擾亂她們。神師應該符合天主引導她們的道路和精神，努力指導她們經常更深入心靈的獨居、自由和寧靜，要給她們廣闊的空間，那麼，當天主帶領她們進入這個獨居時，不會受縛於身體或心靈的感官，某個內在或外在的個別東西，也不受折磨，或憂慮地以為什麼都沒做；雖然靈魂那時什麼都沒做，天主正在她內工作。

他們要盡力不阻礙靈魂，也要把她安置在獨居和悠閒中，不受縛於天上和地下的任何個別認識，或貪求什麼樂趣、滿足或任何的領悟，這樣，完全捨棄所有的受造物，會把她安放在神貧之中，這是靈魂自己該做的部分，如天主聖子的勸告：「**不論是誰，如果不捨棄他的一切所有，不能作我的門徒。**」（路十四33）要知道，這個勸告不只捨棄意志方面所有的現世事物，而且也棄絕心靈的事物，其中包含心靈的貧窮，天主聖子說這是真福（瑪五3）。

靈魂這樣地掏空所有的事物，達到空虛和棄絕萬物時，這就是，如我們說的，她自己能做的部分，天主不可能不做祂的那一部分，把祂自己通傳給靈魂，至少以隱祕的方式。這是比陽光不照耀晴朗和無障礙的大地更不可能的；就好像太陽一大早升起，照耀妳的房舍，如果妳揭開窗板，陽光就會照射進來，同樣，天主「**守護以色列，不睡眠也不瞌睡**」（詠一二〇4），祂要進入空虛的靈魂，使她充滿神性的美善。

㊼ 天主如同在靈魂之上的太陽，想要把自己通傳給她們。讓神師滿足於按福音的全德來指導她們吧！這就是感官與心靈的空虛和赤裸；他們不要在這個建築工程中走得太遠，這工作只屬於光明之父，祂從上賜予所有神性的美善和全德（雅一17）。因為，如同達味說的，「**若非上主興工建屋，建築的人徒然勞碌。**」（詠一二六7）既然祂是超性的藝術家，祂以超性的方式，在每一個靈魂內，建築祂想要的大樓，如果你努力以滅絕本性的作用和情感來預備靈魂，因為那些作用和情感，既沒有本事，也沒有力量建築超性的大樓；這時，本性的作用和情感反而是阻礙，而不是助益。你的責任是預備靈魂，至於天主的工作，如同智者說的，是修直她的道路（箴十六1，9），意即，藉著不是你，也不是靈魂能理解的模式和方法，領導靈魂走向超性的美善。

因此，不要說：這個靈魂沒有進步，因為她什麼都沒做[22]；因為，如果真的是什麼都沒做，由於什麼都沒做的這件事，我將在此證明給你，她做了許多的事。因為，如果理智

22. 若望在此把三項可能的反對放在神師的口中。

空虛其本性或超性的個別認識，這就是進步，個別的認識和理解的動作愈空虛，理智在歸向至高的超性美善上，也會愈突飛猛進。

㊽ 或者你會說，沒有以個別的方式瞭解任何的事，這樣是不能進步的。我對你說，恰恰相反，如果有個別的認識，就不會進步。理由是因為，天主超越理智，理智無法領悟天主，也不能達到天主，因此，當理智在理解的狀態之下，它不是靠近天主，而是遠離天主。這樣，為了在信德的道路上達到天主，反而必須離開理智及其認識，憑著相信，而不是憑著理解。以此方式，理智達到成全的境界，因為和天主結合，是經由信德，而非其他的方法；所以，靈魂達到天主，是以不理解，而非以理解。因此，不要為此難過不安；如果理智不退一步——不再運用個別的認識、其他的推理和理解，而留守在悠閒中——，它會進步，由於理智掏空所有能被領悟的一切，因為那些都不是天主，如我們說過的，天主不能進入其內。

在這力求成全的事上，不向後退步就是向前進步，理智由於深深地建立在信德內而進步；同樣，也是更深入黑暗，因為信德對理智來說是黑暗的。因為理智不能知道天主是怎樣的，所以必須以順從，而不是以理解來行走這條道路，達到天主；為了理智的好處，理智應該去實行你所責備的，就是說，不要運用個別的認識，因為藉著個別的認識，理智不能達到天主，反而是歸向天主的障礙。

㊾ 或者，你會說：如果理智不了解個別的事物，意志就會懶散，也沒有愛，這在神修路上，是必須避免的事！理由是，除非是理智理解的事，意志不能愛。

這是真的，尤其是在靈魂的本性作用和動作上，除非理智分明地理解，意志是不會去愛的。不過，在我們談論的默觀中，天主經由這個默觀傾注自己給靈魂，如我們說的，不必有分明的認識[23]，也無需靈魂做出理智的動作，因為在一個動作中，天主同時傳達了光和愛，這是超性之愛的認識，我們能說，這就像是發熱的光，傳達熱，因為那光同時也激起愛；這對於理智是模糊和黑暗的，因為是默觀的認識，如聖戴奧尼修說的，對理智而言，是**黑暗的光明**[24]。

因此，其模式是，就像認識臨在於理智中，愛也臨在於意志之中；正如在理智內，天主灌注的認識是普遍和黑暗的，毫無分明的理解，意志內的愛也是普遍的，沒有對任何個別事物的分明理解。由於天主是神性的光和愛，在通傳自己給靈魂時，祂等量地以認識和愛傳達給這二個官能，理智和意志；正如在今生，天主是不可觸知的，對祂的認識是黑暗的，如我說的，在意志中的愛也是這樣。

雖然有時候，在這個微妙的交往中，天主對某一官能通傳和創傷較多，超過另一官能，因為有時體驗的認識比愛多，有時則是愛比認識多，有時也覺得全是認識而沒有愛，有時則全都是愛而沒有認識。

23. 分明的認識：*noticia distinta*。
24. 參閱《攀登加爾默羅山》2・8・6。Pseudo — Dionysius Areopagita, *De Mystica Theologia*, c, 1: PG3, 999

為此，我說，當靈魂用理智去作本性的動作時，沒有理解就不能愛，然而天主在她內所做和傾注的動作中，如同我們說的天主在這靈魂內所做的，是不一樣的；因為天主能通傳給某一官能，而不給另一官能；這樣，天主能以祂愛之溫暖的接觸來灼燃意志，雖然理智沒有理解，這很像一個人能從火感受到溫暖，雖然看不見火[25]。

㊿ 這樣，許多時候，意志感受到已被灼燃，或受感動或迷戀，卻不比從前更知道或了解什麼個別的事物，因為是天主在意志內安置愛情，如新娘在《雅歌》中所說的：「君王引**我進入酒室，在我內安置愛情。**」（歌二4）[26]。

因此，不必怕意志在這個情況中的悠閒；如果意志不在個別的認識上做出愛的動作，天主會在它內做這事，以灌注的愛祕密地使它酩酊大醉，無論有否經由默觀的認識，如我們剛剛說的，這些比意志做的動作更愉悅且更有功勞，因為這愛的推動者和灌注者是更好的，就是天主。

51 天主把這愛灌注在意志內，是當它已經空虛，且超脫上天和下地其他個別的滿足與情感時；因此，要留心使意志空虛，並超脫其情感；如果意志沒有回頭向後，盼望享受什麼趣味或滿足，尤其是在天主內沒有感受的時候，就是在進步，超越萬有歸向天主，即使什麼都沒有品嘗到。雖然意志不是非常個別和分明地享受天主，也不是以這麼分明的動作愛祂，卻在那普遍的灌注中，黑暗又隱祕地享受祂，超過享受所有分明的事物，因為它

25. 關於在本性和超性上的愛與認識問題，參見《黑夜》2·12·7；《靈歌》26·8。
26. 關於酒室，參見《攀登加爾默羅山》2·11·9；《靈歌 B》26·7；《靈歌 A》17·5；《活焰 A》3·42。

那時清楚地明白，沒有什麼像那寧靜的孤寂，給它這麼大的滿足；意志愛天主，超過所有可愛的事物，由於它已經拋棄所有事物的趣味和滿足，對它們感到乏味。

所以，無須難過，因為如果意志不能安息在個別動作的趣味和滿足上，它正在進步；由於意志沒有回頭向後，擁抱什麼感性的事物，就是向前進步，走向不可接近者，亦即天主；這樣，如果意志沒有感受，是不用驚奇的。

所以，為了邁向天主，意志依靠的所有歡愉和愉悅的事物，都必須超脫。這樣，它完善地實行愛的誡命，亦即愛天主在萬有之上；沒有對這一切赤裸和空虛，這是辦不到的。

(52) 同樣也不必怕記憶空虛其形式和形狀，因為，由於天主沒有形式，也沒有形狀，空虛了形式和形狀，可以安全地行走，也更靠近天主。因為，記憶愈依靠想像，離開天主愈遠，也愈危險，由於天主本身是無法想像的，不能被想像把握。

(53) 那麼，這些神師不懂這些靈魂，她們行走在這個寧靜和獨居默觀中，因為他們尚未達到這個境界，也不知道離開默想的推理是怎麼回事，如我說過的，他們認為這些靈魂偷懶，煩擾又阻礙那靜息和寧靜默觀中的平安，這平安是天主親自賜予的，他們要靈魂行走默想、想像推理、及做出內在動作的道路。如此這般的作法，使所說的靈魂感到極度的反感、乾枯和分心，因為她們情願留守於其神聖的悠閒、寧靜的收心、及平安中。在其中，由於感官找不到有什麼可以緊抓不放的，沒有可以享受的，也沒有可以做的事，這些人還說服靈魂力求得到趣味和熱情，其實，他們本該勸導相反的事。靈魂無法做到，也不像從前那樣進入其中，因為這樣的時候已經過去，已不是她們的道路，這時，她們更是加倍不安，自認為已經迷失，神師甚至助長這個信念，使她們的心靈乾枯，除掉那些寶貴的傅油，這是在獨居和寧靜中蒙天主賜予的，如我說過的，這是極大的損害，他們把靈魂放在痛苦中，在爛泥巴中，一方面錯失良機，另一方面遭受無益的痛苦㉗。

㊹ 這些人不知道靈性是怎麼回事，大大地中傷天主，以粗笨的手闖入天主工作之處，冒犯了天主，因為天主耗費很大的代價，才帶領這些靈魂達到這個階段，天主很看重這事，領導她們達到這個獨居，及其官能和作用的空虛，為了能和她們談心，這經常是天主渴望的事，祂親手帶著她們，祂是親自以豐沛的平安和寧靜，在靈魂內為王的那一位，祂使官能的本性動作失效，以本性的動作，靈魂「**整夜勞苦，毫無所獲**」（路五5），天主沒有用感官的作用喂養心靈，因為不是感官，也不是感官的工作，能夠容納心靈。

㊺ 天主多麼看重這個寧靜和睡眠，或說是感官的滅絕，《雅歌》中，從這麼明顯又有效的懇求，可以清楚地看出來，那裡說：「**耶路撒冷女郎！我指著田野的羚羊或牡鹿懇求妳們，不要驚醒，不要驚醒我的愛，讓她自便吧！**」（歌三5）天主在這裡表示出，祂多麼喜愛獨居的睡眠與遺忘，因為天主把這麼獨居與隱退的這些動物放在其中。可是這些神修人卻不要靈魂安息，也不給她寧靜，反而要她常常地勞苦和工作，結果，靈魂不讓天

27. 請參考前述第 43 節最後的部分，十字若望在此針對的是給予錯誤指導的神師。

主有工作的餘地，又以靈魂的動作毀壞和抹殺天主的工作。這就好像小狐狸，毀壞在靈魂內繁茂的葡萄園（歌二15），因此，上主藉依撒意亞抱怨這些事說：「**你們侵吞了我的葡萄園。**」（依三14）

㊱ 不過，這些人的犯下錯誤，或許出於非常的熱心，因為他們不知道還有更好的。然而，並非為了這個緣故，他們就該得到寬恕，他們輕率馬虎地給人勸告，沒有事先瞭解這個人可能跟隨的道路和精神，以其粗鹵的手干涉自己根本就不懂的事，沒有交託給真正懂得的人。使一個靈魂喪失無限量的美善，這不是一個輕微的小事或小過失，由於他們的輕率勸告，有時使靈魂遭受非常嚴重的損害。

這樣，凡因為魯莽而犯過的人，按照他所造成的損害，必定逃脫不掉懲罰，因為他有義務，如同一般人，善盡職責，不犯過失。因為處理天主的事務必須非常靈敏，大大地張開雙眼，尤其是處理這些靈魂的事，這麼的重要，又這麼的崇高，這是在冒險，做對了，幾乎是無限的獲益，做錯了，也幾乎是無限的損失。

㊲ 可是，你還是要說你有些理由，雖然我看不出來，不過，至少你不能對我說一個人有理，就是他在指導一個靈魂時，從不讓靈魂脫離他的掌握，那是由於他所知道的虛榮的奉承和意向，這些人必不能脫免懲罰㉘。然而，千真萬確的是，那個靈魂必須在神修的道路上向前進步，天主經常是她的助祐，她必會更換祈禱的形式和模式，也必定需要其他

28. 若是因為無知而犯過，已經是夠糟糕的事，更壞的是出於自大、嫉妒而犯過，等等，參閱《攀登加爾默羅山》2・18・6。

的道理，即比你的和其他的靈修更崇高的道理。

因為，神修道路上所有的事件和終點，不是所有的人都知道，也不是人人都有這樣的靈修精神，能辨識靈修境界的任何階段，知道靈魂應該被帶領和指導前往何處；至少，他不應該自以為樣樣俱全，在在精通，也不該想天主不願帶領那靈魂更加前進。

不是會砍木頭的人，都會彫刻態像，不是會彫刻的人，都會刻出模樣又加以磨亮，不是會使態像光亮的人，都會繪畫態像，也不是會繪畫的人，都畫得出最後一筆，使作品臻至完美。因為，在這態像上，每個人所能做的，不外乎他會做的，如果他想要做得過分，必會摧毀這個態像。

58 那麼，讓我們來看看，如果你只是一個砍伐者[29]，這是引導靈魂輕視世俗，克制欲望；或者你是個好彫刻家，這是引導靈魂進入聖善的默想，由於所知不多，你怎能領導靈魂達到精美圖像的至極完美呢？這已經不在於砍伐、不是彫刻，甚至也不是磨亮，而在於天主必須在靈魂內完成的工作。

所以，確實如此，如果以你的道理，那始終是千篇一律的，你總是束縛著靈魂，她必定退步，或頂多，不會向前進步。因為，如果一直對這個態像做的，全是鎚擊和砍伐，就靈魂而言，就是官能的修練，那麼我要問你，這個態像看來會像什麼呢？這個態像何時才完工呢？何時或如何留給天主繪畫呢？所有的職責都是你的，而你又是這麼的完善，除你

29. 砍伐者：原文是 *desbastador*，意思是初步加工的工具。

以外，這個靈魂從來不需要別人，可能嗎？

(59) 就算你有本事指導某個靈魂，因為或許她沒有才能更向前進步，但你不可能有本事指導所有的靈魂，亦即那些你不讓她們脫離你掌握的靈魂；因為天主帶領每一位走不同的道路，甚至連神修進程的一半，都幾乎找不到有二個心靈是一致的。因為，誰膽敢設想他像聖保祿宗徒一樣，可以「**使自己成為一切人，為贏得一切人**」？（格前九22）你壓制靈魂，又剝削他們的自由，為你自己判定福音道理的寬度，你不僅盡力纏住受你指導的人，而且，更壞的是，如果意外地獲知她去請教別人——可能因為你不是討教的合適人選，或者因為天主帶領她去找另一位，好使她能學到你所不能教導的——你以嫉妒的爭吵對待她（我說這話，深覺羞恥），這是夫妻之間才會有的爭論，這樣的嫉妒，不是為了天主的光榮，或那靈魂的益處——因為不應該設想，這樣離開了你，就是離開天主——這些嫉妒其實是來自你的驕傲和妄自尊大，或其他不成全的動機。

(60) 像這樣的神師，天主極為憤怒，所以，在《厄則克耳先知書》中，祂許下要降罰他們：「**你們吃羊奶，穿羊毛衣，宰肥羊，卻不牧養羊群；天主說：我要從他們中追討我的羊。**」（則卅四3，10）

(61) 那麼，神師要給靈魂自由，當她們尋求改進時，應該鼓勵她們。因為他們不知道天主願意如何改善哪一個靈魂，尤其當靈魂不再滿足於他們的教導時，這是個記號，表示幫不上她的忙，因為，或是天主帶領她前進，或是經由不同於神師帶領的道路，或是神師已改變了作風。這些神師必須勸導這事，其餘的一切則來自無知的驕傲和妄自尊大，或別的什麼企圖。

62 不過，我們現在不談這個態度，卻說其他更有危害性[30]的作風，或他們使用的其他更差勁的方法。因為會發生這樣的事，天主傅抹某些靈魂，使用的油脂是捨棄世俗的神聖渴望和動機、改變生活或作風、服事天主，輕視世俗——天主非常珍視這個傅油，祂已帶領這些靈魂達到此境，因為世物不得天主的歡心——那時，他們憑著一些人的理性或顧慮，完全違背基督的道理、祂的謙虛及輕視萬物，又基於個人的喜好或滿足，或害怕不必害怕的，或使靈魂難上加難，或耽誤她們，或更差勁的，想打消她們心中所想的。懷著沒什麼虔敬的精神，滿身的俗味，少有基督的溫良，他們既不由生命的窄門進入，也不讓別人進去。對於這些人，我們的主藉著聖路加恐嚇說：「**禍哉！你們法學士，因為你們拿走了知識的鑰匙，自己不進去，那願意進去的，你們也加以阻止。**」（路十一52）

因為，真實的，這些人是天堂門口的門閂或絆腳石，阻擋著來求教的人進去，他們知道，天主已經命令，不只要挽留和幫助靈魂進來，甚至要勉強她們進來，當時祂藉聖路加說：「**去勉強他們進來，好坐滿我的屋子。**」（路十四23）他們恰恰相反，強迫人不許進來。

就這樣，他是個瞎子，能阻礙靈魂的道路，這是聖神的道路。這事以我們在此說的多

30. 使用「危害性」（pestífera）這個語詞，使人想到若望存念於心的，是那些反對修道聖召的人，因為聖多瑪斯寫過一本小書：《抗議阻止年輕人進入修道生活的危害性道理》。

種方式，發生於神師們身上，其中有的人明知的，有的人則是無知的。然而，這兩者都脫免不了懲罰，因為，這是他們的職責，他們有義務了解並留意所做的事。

63 我們說的第二個瞎子[31]，能阻礙處在這種收心中的靈魂，是魔鬼；由於牠是瞎子，牠巴望靈魂也瞎了眼。[32]當靈魂正處在最崇高的獨居中，此時，領受著聖神灌注的柔巧傅油——在這當中，魔鬼極其難過和嫉妒，因為牠看見靈魂不僅豐盈富裕，而且又飛翔起來，使得牠不能在任何事上抓住靈魂，只要靈魂是孤獨的、赤裸的，且遠離受造物與受造物的痕跡——在這個遠離中，魔鬼努力地置入一些認識的白內障，及感性滿足的煙霧，有時是好的（認識和滿足），為了更多喂養靈魂，使她折回，去處理個別的事和感官的工作，使她留意呈現給她的，那些蠻好的認識和滿足，去擁抱它們，最後依靠它們而歸向天主。

在這事上，魔鬼輕易地使靈魂分心，又拖她離開那個孤寂和收心，如我們說的，在其中，聖神祕密地完成那些大事。因為，靈魂單憑自己，會傾向於感受和享受，尤其是，如果她正在追求些什麼，卻又不了解自己行走的道路，就會輕易地粘住魔鬼放進來的那些認識和滿足，也失去天主放進她內的孤寂。因為，她在那靈魂官能的孤寂和寧靜中，無所事事，這似乎是更好，由於她已真的有所事事了。

這真是遺憾得很，靈魂不了解自己，為了吃些個別的認識或滿足的點心[33]，完全除去了天主給她的餵養[34]；因為，這就是天主在那孤寂中所做的，是天主把她放進其中，因為

31. 見第 29 節。
32. 關於魔鬼的介入，造成的破壞，《黑夜》2・23 有詳盡的解說。
33. 點心：原文是 *bocadillo*，直譯是三明治，或夾肉的麵包、點心、便餐。
34. 關於天主的餵養，即基督的牧放，請參閱《靈歌》17・10。

祂藉那靈性孤寂的傅油，吸引靈魂專注於祂。

⑭ 因此，魔鬼用根本不算什麼的小事，造成極大的損失，牠使靈魂失掉豐盈的富裕，用很小的誘餌誘惑靈魂，如同對待小魚，使她離開心靈的單純水流，在那裏，她本來已投入天主的深淵中，被天主吞沒，找不到立足點和依靠。魔鬼卻在此拖她上岸，給她支柱和依靠，使她找到陸地，辛苦地徒步行走，而非飄游在緩緩徐流的史羅亞水中（依八6），就是沐浴在天主的傅油中。

魔鬼這麼看重此事，這事值得留意；因為，在這部分的一個小損害，遠超過對其他許多靈魂所做的許多事，如我們說過的，幾乎沒有靈魂在行走此路時，魔鬼不加給她慘重的損害，使她陷於重大的損失。因為在從感官到心靈的通道上，這個惡魔親自佈局，警覺萬分，用她的感官來欺騙和餵養靈魂，如我們說的，就是經由用感性的事物。靈魂不認為會有什麼損失，致使靈魂無法進入淨配的內在居室，繼續停留在門口，觀看感官部分所發生的事。約伯說：「**魔鬼看見所有高超的事**」（約四一25），亦即，看見靈魂的心靈高境，為能攻擊她。因此，要是有靈魂進入崇高的收斂，竟至如我們說的，魔鬼無法使她分心時，至少會用恐怖、害怕、或身體的疼痛、或用外在的感官和吵鬧，苦心孤詣地讓靈魂留意感官，把她拖到外面，且使她轉移注意力，離開內在的心靈，一直等到魔鬼無能為力，無計可施時，牠才會放開靈魂。

不過，對這些寶貴的靈魂及其富饒，魔鬼這麼輕鬆地阻礙和毀壞，以致於，牠雖然看重這事，超過打倒其他許多的靈魂，但由於完成此事的輕鬆，及付出的代價很少，牠並不太把它放在眼裡。

為此之故，我們能了解天主對約伯說及魔鬼的話：「**牠將吞沒一道河流，毫不驚奇，牠相信約旦河會湧流進入牠的口中**」，（約旦河）意指成全的最崇高事理。「**牠的眼中帶鉤，牠將捕捉他，且以錐子穿透他的鼻孔**」（約四十18－19）；這就是，魔鬼藉著傷害靈魂的許多認識的論點，使心靈分散；因為那氣息，從已被穿洞的收斂鼻孔，分散到各處。接著又說：「**陽光在牠的底下，黃金散佈在牠的下面，有如泥巴**」（約四一21）；因為魔鬼使蒙光照的靈魂喪失神性認識的美妙之光，除去神性韻味的寶貴黃金，分散靈魂的富裕[35]。

65 那麼，啊！靈魂哪！當天主正賜給妳們這麼至高無上的恩惠，帶領妳們達到孤寂和收斂的境界，避開妳們感官的勞苦時，妳們不要返回感官；要放下妳們的工作，因為，如果先前妳們仍是初學者時，這些工作幫助妳們棄絕世俗和自己，現在天主親自施惠給妳們，祂自己是工作者，妳們會是嚴重的障礙物和阻撓。由於妳們細心留意，不把妳們的官能放在任何事上，超脫萬有，不阻礙它們，這是妳們在此孤獨的境界該做的，還有那單純、愛的注視，就是我前面說過的，要按照我那裡所說的方式，就是要在妳們對它不覺得厭煩時，因為，妳們不必對靈魂勉強使力，除非是為了使靈魂超脫萬有，得到自由，因為不要擾亂

35. 有關魔鬼介入的這件事，在《黑夜》2．23 有比較多的述說。

和改變她的平安和寧靜，天主必然會以天上的點心喂養妳們，因為妳們沒有阻礙祂。

⑥⑥ 第三個瞎子是靈魂，她不瞭解自己，如我們說的，她自我擾亂，也給自己造成損害。因為她只知道靠感官和思想的推理來工作，當天主願意把她放進那個空無和孤寂，在那裏，不能運用官能，也不能做動作，她認為自己無所事事，因而努力地要做些事，於是靈魂分心走意，又滿是乾枯和乏味，本來此時靈魂處於悠閒之中，享受著心靈的平安和靜默，這是天主以隱祕的方式裝扮她的。

也會發生這樣的事，當天主執意要她留守在那靜默的寧靜中，靈魂卻執意使用理智和想像，想要靠自己來工作，這麼做，活像一個小孩，當他的媽媽要用雙臂帶他時，他拳打腳踢，哭號不已，就這樣，他寸步難行，又不讓媽媽帶領㊱；或者就像，當畫家想畫一張像時，另有一人不停地挪動圖畫，結果若不是什麼都做不成，就是毀損圖畫。

⑥⑦ 處在這個寧靜中，靈魂必須注意，雖然有時她自覺沒有進步，也沒做什麼事，其實她正突飛猛進，遠超過自己徒步行走，因為天主以雙臂帶著她；這樣，雖然以天主的腳步行走，她卻覺察不出。雖然使用她靈魂的官能，她什麼事也沒做，但是比起使用官能工作，她做得更多，因為天主是工作者。

如果她沒有理會到這事，不用驚奇，因為這時，天主在靈魂內工作，感官一無所得，因為是在靜默內；如智者說的：「**在靜默中聽到智慧的言語。**」（訓九17）

36. 若望使用母親帶小孩的比喻，講解天主的恩寵，標示出靈修生活的不同階段：1）小孩執意要自己走，媽媽卻願意用雙臂抱著他，讓他走得更快（《攀登加爾默羅山》序・3；《活焰》3・66）；2）小孩希望媽媽繼續抱著他，然而他已長大，應該自己走路了（《黑夜》1・1・2；1・12・1）。

靈魂要把自己交在天主的手裡，不是放在她自己，或另外那二個瞎子的手裡；就像這樣交出自己，也不用官能做什麼事，她會安全地前進。

⑱ 那麼，現在我們言歸正傳，續談靈魂官能的這些深奧洞穴，在那裏，我們說，當天主為了使靈魂和祂自己結合，以聖神的最崇高油膏來傳抹和預備靈魂時，靈魂的痛苦會是劇烈的[37]。這些是這麼微妙、這麼柔巧的傅油，滲透靈魂深處的最深實體，它們預備靈魂，給她愉悅，因而在這些洞穴至極空虛的渴望中，她的痛苦和癱軟無力是無限的。在此，要注意的是，如果這些油膏是這麼崇高，如我們說的，為預備靈魂的這些洞穴達到和天主神婚的結合，那麼，在所說的和天主的結合中，理智、意志、和記憶所擁有的認識、愛和光榮，又將會如何呢？的確，相稱於這些洞穴的渴望和飢餓，現在則是它們的滿足、飽足和愉悅，而且相稱於預備時的精巧，靈魂所擁有的及其在感官的心滿意足，則是完美的。

⑲ 關於靈魂的感官，在此意指靈魂的實體具有的德能和力量，用來感覺和享受心靈官能的對象，經由這些官能，人能享受天主的上智、愛和交往[38]。因此，關於這三個官能，記憶、理智和意志，靈魂在本詩句中稱為「**感官的深奧洞穴**」，因為經由它們，也在它們內，靈魂深深地感受和享受崇高的天主上智和優越。為此，靈魂在此稱它們為「**深奧洞穴**」，是十分合宜的；因為，由於覺察在這些深洞中，能容納火焰明燈的深奧認識和光輝，明白其擁有如此的容量和深穴，能接受所有來自認識、愉悅、歡樂、歡愉等等、及天主的個別

37. 參閱本詩節第 27 節。這裡結束從 27 節開始的離題旁論，述說三種瞎子。
38. 參閱《攀登加爾默羅山》2・23・2－3。

事物。在此靈魂的感官，能接受和容納這一切事物，如我說的，這是靈魂擁有的德能和容量，為的是覺察、擁有和享受這一切。這些官能的洞穴替靈魂管理它們，正如身體的感官以其對象的形式來協助幻覺這共有的感官（*al sentido común de la fantasía*），所以，感官就成為它們的容器和檔案處。[39] 因此，靈魂的這個共有的感官，就成為接受天主之崇偉的容器和檔案處，按照所獲得的這個崇高和卓著的產業，是這麼的受光照，也這麼的富裕。

昔隱且盲

⑦⓪ 意思是說，在天主照亮和光照靈魂之前，就像所說的，靈魂「感官的深奧洞穴」是隱晦又盲目的。為了理解這事，須知，有兩件事會使視覺的感官看不見：或是因為隱晦，不然就是盲目。

天主是靈魂的光和對象。當光不照射時，雖然她的視力超好，還是會處於隱晦中。當靈魂陷於罪惡，或欲望專注在別的事物上，那時她是盲目的。所以，雖然那時天主的光襲擊她，她還是盲目的，看不見光。靈魂的隱晦，亦即靈魂的無知，天主經由神化光照她以前，對天主這麼多的美善，是隱晦和無知的，如智者說的，在智慧照亮他以前，他的處境是：「祂照亮我的愚昧無知。」（德五一26）

39. 參閱《攀登加爾默羅山》2‧12‧3；2‧16‧2。

71 從靈性方面來說，處在隱晦中，和處在黑暗[40]中，是兩回事。因為處在黑暗中，如我們說的，就是盲目地處在罪惡中；不過處在隱晦中，卻能夠不是在罪惡中。這可從二方面來說，就是：關於本性方面，是對本性的事物沒有光；關於超性方面，是對超性的事物沒有光。關於靈魂在這裡說的這兩件事，在達到寶貴的結合之前，她的感官是隱晦的。

因為，直到上主說：「**有光**」（創一3），「**深淵上還是一團黑暗**」（創一2），亦即，在靈魂感官的洞穴上是一團黑暗。感官的洞穴愈深不可測，愈深奧，在超性方面，感官的黑暗也是愈深不可測和深奧，即使天主是靈魂的光，也無法光照她。因此，她不能舉目仰視神性的光，甚至連想做也不能，因為她不知道那是怎麼回事，她從未見過。為此，她也不能渴望；她渴望的反而是黑暗，因為她知道那是什麼，她會在黑暗中來來去去，被那黑暗掌控；因為一個黑暗不能不導出另一個黑暗，所以，如達味說的：「**日與日侃侃而談，夜與夜知識相傳。**」（詠十八3）因此，「**一個深淵召喚另一個深淵**」，就是說，一個光明的深淵，召喚另一個光明的深淵，而一個黑暗的深淵，召喚另一個黑暗的深淵。各自召喚與自己相似的，並且傳達自己。這樣，天主先前已賜給這個靈魂恩寵的光明，藉此已光照她心靈深淵的眼目，打開她的眼注視神性的光明，使靈魂因此而悅樂祂，召喚另一個恩寵的深淵，這就是靈魂在天主內的神性轉化，因此感官的眼目這麼地被照亮，且取悅天主，以致於我們能夠說，天主的光與靈魂的光，完全合而為一，因為靈魂本性的光與天主超性的光結合，

40. 隱晦（*oscuras*）和黑暗（*tinieblas*），這兩個原文字其實都含有黑暗的意思，作者做此區分，只是表達不同程度的黑暗，一個是完全的黑暗，另一個則是受蒙蔽，無知的隱晦。

發光照亮的就只有超性的光；這就好像天主所造的光和太陽光結合，雖然其他的光也在，就只有太陽的光照耀著。

⑫ 只要靈魂還享受著其他的事物，她仍是盲目的。因為理性和高級感官的盲目是欲望，有如白內障和雲霧，放置在理智的眼睛上，以致看不見眼前的事物。只要欲望在感官提示某個滿足，就會使之盲目，看不見白內障背後崇偉的神性富裕和美麗。因為，這就好像，放一個東西在眼睛上，無論是多麼微小，都足以擋住視力，看不見眼前其他的東西，無論那東西多麼巨大，這樣，靈魂一個不怎麼樣的欲望和偷懶的動作，足以阻擋她，得不到這一切神性的崇偉，在靈魂所喜愛的這些滿足和欲望的後面，存在著這些神性的崇偉。

⑬ 啊！誰能在此訴說，懷有多數欲望的靈魂，審斷天主的事如其本相，是多麼的不可能啊！因為，為了準確地審斷天主的事，必須徹底地把欲望和滿足拋棄於外，不可以之審斷天主的事；因為，萬無一失的，必會把天主的事，不當天主的事，把不是天主的事，當作天主的事。因為，那遮擋在審斷的眼睛上的白內障和雲霧，所看見的只有白內障，有時是這顏色，有時是那顏色，按照白內障呈現的情況而定，又把白內障斷定為天主，因為，如我說的，所看見的無非是覆蓋在感官上的白內障，然而，天主不能被感官把握。因此，感官的欲望和滿足，阻礙了對崇高事物的認識。智者用這些話，清楚指明這事，他說：「**罪惡的蠱惑，使人喪失天良；情慾的風暴，毀壞純樸的心靈。**」（智四12）就是說，毀壞良好的判斷。

⑭ 為此，那些不是這麼靈修的人，其欲望和滿足有待煉淨，他們仍是帶血氣的人，他們相信，那些最卑鄙和下賤的是屬靈的，就是那些最貼近感官，並且還賴以維生的事物，以之為崇高的事物；而心靈中那些最珍貴，也最崇高的，就是那些最遠離感官的，他們都不看重，也不予珍視，甚至有時，還視之為愚妄，如聖保祿所說的：「**屬血氣的人不能領受天主聖神的事，因他是愚妄的；他也不能領悟。**」（格前二14）屬血氣的人，在此是指仍然依靠本性的欲望和滿足而生活的人；因為，雖然有些感官的滿足來自心靈，如果這人想要用本性的欲望抓住它們，這些欲望無非是本性的。對象或起因是超性的並不重要，如果欲望來自本性，在本性中找到它的根基和力量，（即使有超性的對象和起因，）它不會因此而不是本性的欲望，如果欲望有本性的動機或起因，就會有這樣的實質與特性。

⑮ 你會對我說：「那麼，順理成章，當靈魂渴望天主的時候，因為沒有超性地渴望祂，所以那渴望在天主前是沒有功勞的。」我回答說，這是真的，當靈魂渴望天主時，那個欲望不總是超性的，只有當天主傾注給她，親自賜給她那個欲望的力量，這與本性的欲望大不相同，天主還沒有灌注給她以前，她的功勞很少，或根本沒有功勞。這樣，當你憑著自己，想要有對天主的欲望時，這無非是本性的欲望，若非天主願意超性地通傳，那也算不了什麼。因此，當你憑著自己，想要以欲望依戀靈性的事物，又樂於執著它們的愉悅，你所運用的是你的本性欲望，那時，你把白內障放在眼中，你也成為屬血氣的人。這樣，你既不

能理解，也不能審斷屬靈的事，這些超越所有本性的感官和欲望。如果你還有什麼疑惑，我不知道要對你說什麼，除了說，請你再重新閱讀，或許你會了解，因為這個真理的內容已經解說了，實在無須在此多加贅述。

⑯ 那麼，靈魂的這個感官從前是隱晦的，沒有天主的神性之光，由於它的欲望和情感也是盲目的，藉著與天主的結合，現在不僅感官的深奧洞穴，得蒙光照而明亮，而且，甚至彷彿一道輝煌的光，它與其官能的洞穴

今放光芒，完美絕倫地
一起獻給心愛主溫暖與明光

⑰ 因為，這些官能的洞穴，在那些明燈的美妙光輝中，已經這麼奧妙和神奇地被注滿時，如我們說的，它們已經灼燃發光，已在天主內，向天主發光，此外也把自己交給天主，它們以愛的光榮領受的這些光輝，使它們在天主內傾心於天主，也使它們在神性明燈的光輝中，成為灼燃的明燈，把所得到的愛的溫暖與明光，給予心愛主[41]。因為在這裡，以它們領受的同樣方式，它們把所得到的給予施予者，以所得到最美妙的給予施予者；正如太陽照耀玻璃窗時，窗子也反射其光輝；雖然如此，另一個的方式更為卓越，[42]由於意志的修行介入其中。

41. 參閱《靈歌》38・4。
42. 意指：以更卓越的方式反映出神性的光明。

完美絕倫地

⑱ 完美絕倫地，就是說，絕倫而不同於所有的一般思想，所有的誇張，及所有的模式和形態。

因為，理智完美地領受神性的智慧，和天主的理智合而為一，這是完美地給予靈魂的，因為除非按照被賦予的模式，她不能給予。

意志完美地和美善結合，這是以完美的方式，意志在天主內，把這美善給天主，因為它之接受，無非是為了給予。

正是如此，靈魂完美地認識天主的雄偉，而與天主結合，她發光並給予愛的溫暖。還有，按照神性屬性的完美，在此通傳給靈魂剛毅、美麗、正義等等，靈魂的感官完美地，喜樂地，把得自心愛主的光與熱，給予心愛主；因為靈魂在此已經和祂合一，藉著分享，以某種方式而言，她是天主。雖然不像來世那樣成全，如我們說的，她有如天主的影子。㊸

如此這般，藉此實體性的神化，她成為天主的影子，使她在天主內，經由天主，天主親自在她內完成所做的事，按照祂的模式，因為二個意志成為一個；這樣，天主的和靈魂的作用合一。因此，正如天主以自由和慈惠的意志給予祂自己，同樣的，靈魂也如此，意志愈是慷慨和自由，與天主的結合也愈深，她在天主內，把天主給予天主，這是靈魂給天

43. 參見本詩節第 14 節。

主的真實又完整的禮物。

靈魂在其中看到，天主真的是她的，她因繼承權而擁有天主，具有合法的產業，像是天主的義子，由於天主親自給予自我的恩惠，天主彷彿是屬於她的所有，所以，凡她所樂意的人，她能給予和傳達天主給他們；這樣，她把天主給她的心愛主，就是這位天主，祂把自己給予靈魂，因此，她償還天主所有的債務，因為她樂意把所有得自天主的一切，全都給予天主。

⑲ 因為，在靈魂獻給天主的這個禮物中，她以馴服的意志，把聖神獻給天主，有如給出自己的所有物，為的是在聖神內，天主愛祂自己，如同天主所堪當的，靈魂感到無量的歡愉和心滿意足，因為看到她把自己的所有物給予天主，按照天主的無限存在，這是和天主相稱的。

雖然這是真的，靈魂不能重新再把天主給祂自己，因為天主在自己內始終是天主，但是靈魂真實又完美地這麼做，把所有得自天主的全給出來，為獲得愛，這就是給予的有多少，所獲得也有多少。天主得到的回報是那個靈魂的禮物，天主不應得到任何比較不好的回報，天主欣然悅納她，就如靈魂把自己所有的全給了天主，在這個禮物中，天主重新愛靈魂，天主再次委順於靈魂，靈魂也彷彿再次愛天主。

這樣，在天主和靈魂之間，主動形成一種愛的互惠，好像婚姻中的結合與順從，在這裡，兩者的美善，亦即神性的本質，由於互相的自願順從，而為雙方自由地擁有，兩者一起擁有，互相說聖若望記載的，天主聖子向聖父說的話：「我的一切都是祢的，祢的一切都是我的，我在他們內受光榮。」（若十七10）在來世，這會在成全的福境中，沒有間斷地持續著；不過，在今生的結合境界中也會發生，就是當天主在靈魂內產生這個神化的動作時，雖然不是如同來世一般的成全。

顯然，靈魂能夠處理那個禮物，雖然這禮物具有更大的實體，超過她的容量和存有；因為，如果一個人擁有許多的民族和王國，這些具有超大的實體，他可以把它們給他願意給予的人。

⑳ 這就是靈魂的極大滿足和幸福：看到她給予天主的，是超過自己的存有和價值的，她是以那神性的光和神性的溫暖給予的；在來世，是經由榮福之光，在今世，則經由受光照的信德而給予。就這樣，

感官的深奧穴洞，
今放光芒，完美絕倫地
一起獻給心愛主溫暖與明光。

一起，就是說，因為在靈魂內聖父、聖子和聖神的通傳是一起的，就是在她內愛的光與火。

81 不過，靈魂完美地做出的這個順從，我們要在此稍微注意一下。對於這事，應該知道，即使靈魂享受著某種福樂的形像，這來自理智和情感與天主的結合，使她歡欣愉悅，也為這麼大的恩惠感恩，至於所說的天主的委順，及靈魂對天主的順服，則是以奧妙的方式完成的；因為靈魂與天主擁有的愛，是完美絕倫的，關於這個福樂的痕跡，正是如此，關於讚美亦然，感恩，也類似如此。

82 有關第一點，愛有三個完美的原則。第一是，在這裡，靈魂愛天主不是經由自己，而是經由天主。這是令人稱讚的完美，因為她經由聖神去愛，如同聖父與聖子彼此相愛，按聖子親自藉聖若望說的：「**好使祢愛我的愛在他們內，我也在他們內。**」（若十七26）

第二個完美是，在天主內愛天主，因為在這個結合中，靈魂猛烈地專注於天主的愛，天主也極猛烈地委順自己給靈魂。

第三個完美的愛之原則是，在那裡，靈魂愛祂，是因為祂是天主。因為靈魂愛祂，不只因為天主對她慷慨、善良和榮耀她等等，而是更強有力的（原因）[44]，因為天主的本身，本質上就是這一切。

83 關於這個福樂的形像，也有三個完美的美妙原則。第一，在那裡，靈魂享受天主

44. 譯者加上括號內的字，為使上下文容易了解。

是經由天主；因為，在這裡，靈魂的理智結合於全能、上智、美善⋯等等，雖然不是如同來世那樣明晰，她非常欣喜於所有這些能分明理解的事物，如我們前面說的[45]。

這個福樂，其第二個完美的原則是，寧靜有則地，惟獨在天主內歡欣愉悅，沒有混雜任何的受造物。

第三個歡愉是，她享受天主，只因為天主是天主，沒有混雜任何的自我喜好。

84 至於在這個結合中，靈魂給予天主的讚美，也有三個完美的讚美。第一，她以讚美天主為本分，因為靈魂看到，天主造生她，是為了頌揚祂，如祂藉著依撒意亞所說的：「**這人民是我為自己造的，他們將歌頌讚美我。**」（依四三21）

第二個完美的讚美是，由於在讚美時，她所接受及享有的愉悅。

第三個是，她讚美天主，只因為天主是天主，因為，雖然靈魂什麼歡愉也沒有得到，她讚美，因為天主是天主。

85 至於感恩，也有三個完美的原則。第一，她感恩，為了已得到的本性和超性的美善，及益處。

第二是，在讚美天主時的強烈歡愉，因為她極熱烈地專注於此讚美。

第三是，她讚美，只因天主是天主，這是更強有力和歡愉的讚美。

45. 見 15 — 17 節。

第四詩節

多麼的溫柔與深情！
祢在我的胸懷裡清醒！
在那裡，祢獨居幽隱，
在祢愉悅的噓氣裡，
幸福與光榮滿溢，
祢多麼柔巧地傾心迷戀我！

註解第四詩節

① 靈魂在此對她的淨配說話，懷著深切的愛，敬愛祂，也感謝祂的兩個美妙效果，亦即，有時藉著結合而在她內產生的效果，說明產生每個效果的模式，及在她內溢出的效果。

② 第一個效果是天主在靈魂內覺醒，其模式是在溫柔與深情中產生的①。

第二是在靈魂內天主的噓氣，其模式是在噓氣中，通傳給她幸福與光榮。這裡，在靈魂內滿溢的是，迷戀她的柔巧和溫柔。

1. 這一句原文有兩種不同的抄本：一是 *enamorarla*，另一個是 *enamorada*（充滿迷戀的柔巧和溫柔）。

③ 所以，靈魂彷彿是說：啊！聖言淨配！在我靈魂的中心與深處，就是在她純潔又深密的實體內，祢隱祕又靜默地單獨居住，有如她的惟一主人，不只像居住在祢的家，也不只像在祢的床，而是居住在我的胸懷，親密又親近地結合，祢導致的覺醒，是多麼溫柔和深情！這就是，至極的深情和溫柔；在這個覺醒的愉悅噓氣中，祢所帶給我的愉悅，充滿著幸福與光榮，祢多麼柔巧地愛著我，並激起我對祢的迷戀和熱愛！

關於這事，靈魂採用的比擬是，在睡醒時的噓氣；因為她在這裡的感受真是如此。

詩行如下：

多麼的溫柔與深情！
祢在我的胸懷裡清醒！

④ 天主在靈魂內的覺醒有許多方式，這麼的多，如果我們要逐一詳述，我們會永遠說不完。不過，靈魂希望在此說明的這個覺醒，是天主聖子導致的，我認為，這是最受舉揚，帶給靈魂最大幸福的覺醒；因為這個覺醒，是聖言在靈魂的實體做出的一個行動，具有這麼宏偉的威嚴、王權、光榮，及這麼溫柔的親密，靈魂覺得世上所有的香膏、香料和花朵，完全都被攪動和擺動，一起混合攪伴為發出其柔美的芳香，還有，世上所有的王國和王權，

以及天上所有的權威和德能都在活動。不僅如此，她也看到所有受造物的德能、實體、成全和恩寵都閃閃發光，突然間一起做出相同的行動。

因為，如聖若望所說的：「**萬物在祂內有生命。**」（若一3－4），又如同聖宗徒所說的：「**全都在祂內生活與行動**」（宗十七28），在這裡，則是這位偉大的君王在靈魂內行動，如依撒意亞說的：「**祂肩負著王權**」（依九6），其中包括三個領域，天堂、人間、地獄，和包括於其內的事，如聖保祿說的：「**祂以大能的話支撐萬有**」（希一3），萬物彷佛一致地搖動，其模式，就好像地球運轉時，地球上的所有物體也隨之轉動，好像它們一點都不算什麼[2]；同樣，當這位王子[3]在行動時，祂親自攜帶著祂的行宮，而不是行宮攜帶著祂。

⑤ 雖然如此，這個比喻還是十分不適當，因為在這裡，不只萬物似乎在動，而且也全部展現其存有、德能、美麗和恩寵的優美，及其延續和生命的根基。因為靈魂在那裡看出來，上天和下地所有的受造物，如何在天主內擁有生命、延續和力量，她也清楚了解天主在《箴言》書中所說的話：「**藉著我，君王執政，元首秉公行義；藉著我，統治者統治，王候治理邦土，且深明大義。**」（箴八15－16）雖然這是真的，靈魂在那裡看出來，這些事物和天主不相同，只要它們是受造物，在祂內，以祂的能力、根源和活力來看它們，就會看出來，因著天主的存有，使這些事物具有無限的卓越，她瞭解受造物在天主的存有中，

2. 由此可見，聖十字若望接受了哥白尼的學說，哥白尼（1473 － 1543 年），波蘭天文學家，主張以太陽為中心的地動論。《活焰》第一版本初版出時，1618 年，編輯將原文改為：「如果地球轉動，其上的物質體也隨之轉動。」因為在這時，哥白尼的學說仍是禁書之一。聖十字若望就讀的撒拉曼加大學，是首先接受並教導哥白尼學說的大學。
3. 這位王子：意指天主聖子。

比在其自身內更為好。

所以，這個覺醒具有很大的歡愉：經由天主認識受造物，而不是經由受造物認識天主；這就是，由原因獲知結果，而非由結果獲知原因，這是後面的認識[4]，另一個則是本質的認識。

⑥ 在靈魂內，這個行動是怎麼回事呢？其實天主是不動的，這是神奇奧妙的事，因為，雖然那時天主真的沒有動，靈魂覺得天主真的在動；因為，由於天主革新和推動這個靈魂，為使她看見這個超性的情景，那神性的生命與其存有，及在其內，以其在天主內的活動，所有受造物的和諧，這麼新穎地揭示給她，她覺得是天主在動，這就是把所造成的結果稱為原因[5]，按照這樣的結果，我們能說天主在動，按智者說的：「**智慧比一切的活動更活動。**」（智七24）不是因為她（智慧）動，而是因為她是一切活動的原則與根基。智者接著說：「**祂雖永存不變，卻常使萬物更新。**」（智七27）所以，智者在此想說的是，智慧比活動的萬物更活動。那麼，我們應該在這裡說，靈魂在這個活動中，是睡眠中的被推動和覺醒，本性直觀達到超性的直觀。因此，使用「覺醒」一詞是很貼切的。

⑦ 不過，天主經常這樣行動，如同靈魂所看出來的，祂引導和管理萬物，賜給萬物存有、德能、恩寵和恩惠，以祂的德能、臨在和實體支持萬有，靈魂只要一眼就會瞥見，在天主內天主是什麼，以及在萬有內天主是什麼。這就好像，在王宮開門的那一刹那，一

4. 後面的認識（*conocimiento trasero*）：如哲學家和神學家說的，經由背面或後面的認識，聖人在《靈歌》19．4及37．4，斷定為後背的認識或通傳。他提及的是梅瑟。
5. 天主是不動的動者，受造的萬物受天主的推動而存在，靈魂因看見這個超性的情景，以為是天主在動。

眼望見住在王宮內的君王陛下，及君王所做的事。這樣，天主如何造成靈魂的這個覺醒和看見呢？按我所理解的，由於靈魂實體性地存在天主內，如同所有的受造物，那麼，只要天主除去那些懸在靈魂前的許多紗與簾幕，好使她能看見天主的真相。在那時，天主的聖容充滿慈恩，可以被局部和隱約地辨識出來，因為不是所有的紗都被除去；萬物全靠天主的德能而行動，同時也呈顯天主正在進行的工作，彷彿天主在萬物內活動，而萬物也在天主內繼續不停地活動；為此，靈魂覺得，因為自己被推動，被喚醒，她以為是天主在動和覺醒。

⑧ 這正是我們今世生命的卑微境況，我們怎樣，我們認為別人也怎樣[6]，我們是怎樣的人，判斷別人也會怎樣，因為判斷是始於我們裏面，而非外面。所以，小偷會想別人也是扒手；淫蕩的人認為別人是好色之徒；心懷邪惡的人斷定別人也心思邪惡，他的判斷來自他的居心不良；然而，好人想到的是別人的善良，因為他善良的判斷來自所懷有的思想；粗心和沉睡的人，覺得別人也是這樣。

這裡就是，當我們在天主面前粗心和沉睡時，我們認為天主對我們是沉睡和粗心的，如同在《聖詠》四三，我們讀到的，達味在那裡向天主說：「**醒來！我主！祢為什麼依舊沉睡？**」（詠四三23）他把人所做的事歸於天主，因為人是墮落與沉睡的，他對天主說起來和醒來，雖然「**保護以色列的天主，不睡眠也不瞌睡。**」（詠一二〇4）

⑨ 不過，事實上，人的所有好事全來自天主[7]，人單憑自己不能做什麼好事，所以，

6. 按我們的俗話說就是，以小人之心度君子之腹。
7. 參閱《雅歌》一17。

真的可以說，我們的清醒，是天主的清醒，我們的起來，是天主的起來。這樣，就好像達味說的：「**讓我們再次起來和清醒，因為我們是二度沉睡和失足的。**」於是，因為靈魂是在熟睡之中，她不能自己清醒，只有天主才能打開她的眼睛，導致這個清醒，所以非常適當的稱此為「**天主的清醒**」，說：

祢在我的胸懷裡清醒。

我主！請祢喚醒我們，光照我們，使我們認識和愛慕祢常賜給我們的福分，使我們了解，祢要來惠賜我們恩寵，祢也一直記得我們。

⑩ 在天主的這個卓絕清醒中，靈魂對天主的認識和感受全然超乎言詞，因為，是在靈魂的實體通傳天主的卓絕，就是這裡說的，在她的胸懷，在靈魂內聽到一個極具大能的聲音，是無量卓絕的聲音，天主的德能成千上萬，無以數計⑧。靈魂被建立在其間，「**極其莊嚴整齊，有如一支軍旅**」（歌六3），天主又以所有受造物的溫柔和恩惠，使靈魂成為溫柔和受寵惠的。

⑪ 不過，可能會有個疑問：在虛弱的肉軀內，靈魂怎能承受這麼強烈的通傳呢？事實上，她無法順服，也沒有力量承受這麼多而不昏迷的；當薛西斯王高坐龍椅，身著蟒袍玉帶，

8. 關於這大能的聲音，請參閱《靈歌》14－15．9－11。

金壁輝煌，使人一見生畏。艾斯德爾王后只看了君王一眼，登時嚇得昏迷。她在那裡承認說，她因害怕君王的光榮威儀而昏迷，因為他看起來有如天主的使者，而且他的面容充滿慈惠（艾十五9－17）。因為，當看見光榮不使人受光榮時，那看見者必會遭受壓制。[9]然而在這裡，靈魂豈不是更有理由昏迷嗎？因為她看見的不是天使，而是天主，祂的面容充滿所有受造物的慈惠，令人生畏的權能和光榮，及大量的卓越聲音。關於這事，約伯說：「**當我們聽見天主極細微的聲音，誰能承受其轟隆雷鳴的威嚇？**」（約二六14）在另一處，他說：「**我不希望祂以強力同我爭辯，因為唯恐祂以極大的威力打擊我。**」（約二三6）

⑫那麼，在這麼大能和光榮的清醒中，靈魂既不昏迷，也不害怕的理由，有二：第一，因為，靈魂已經處在成全的境界，就像在這裡，她的下層部分受到高度的煉淨，和心靈協調一致，沒有感受到傷害與痛苦；對於心靈和感官尚未煉淨，還沒有預備好領受心靈交往的靈魂，往往會經驗到傷害與痛苦。

雖然，置身於這麼偉大和光榮的面前，仍不足以免受傷害。即使本性很純潔，仍然，因為超越本性，會使之腐化[10]，就像卓絕的感受也會使官能如此；上述我們所引証的約伯的話就含有這個意思；然而，第二個理由是很重要的，亦即在本詩節首行，靈魂在那裡說的，天主溫柔地顯示祂自己。

因為，正如天主顯示給靈魂偉大和光榮，為能施惠和舉揚她，這樣，天主恩待她，使

9. 參閱《箴言》廿五 27：「吃蜂蜜過多，有損無益；過於求光榮，反而受累。
10. 腐化（corrompería），參閱《活焰》1．27，作使用同一個字來解釋，「火焰一觸及靈魂，就會使她腐化而死亡」。

她不受傷害，保護她的本性，以溫柔和愛顯示給心靈祂的偉大，沒有經過本性，靈魂不知道這是發生在身內或身外（格後十二2）。天主以右手保護了梅瑟，使他能看見天主的榮耀，天主完成這事，輕而易舉（出卅三22）。

這樣，靈魂在祂內感受的溫柔和愛有多少，所感受的大能、王權和偉大也多少，因為都在天主內，這些都是一樣的事。所以，這是強有力的愉悅，也是充滿溫柔與愛的強有力的保護，為承受強有力的歡愉。因此，不但沒有昏迷，反而變得堅強有力。如果艾斯爾德昏迷了，那是因為君王沒有先親自向她表示慈惠，相反地，如同經上所說，他龍顏大變，怒目而視（艾補錄丁5）。然而，當艾斯德爾甦醒過來後，君王撫慰她，拿起金杖，放在她頸上，抱住她，告訴她說，他是她的哥哥，儘管放心！不要害怕（艾補錄丁6－7）。

⑬ 這樣，從今以後，天上的君王友善地對待靈魂，有如對待祂的同輩和兄弟，從此靈魂不再害怕；因為，天主以溫柔，而非以忿怒，向她顯示其大能的威力，及其慈善的愛，從祂的胸懷通傳給靈魂剛毅和愛，祂從寶座——亦即靈魂——上下來，走向靈魂，有如步出洞房的新郎（詠十八6），天主在那裏隱藏自己，走近靈魂，以祂的權杖接觸她，如同兄弟般地擁抱她。那裏的龍袍玉帶，馥郁芬芳，是天主的美妙諸德；那裡的金壁輝煌，是愛；那裡的光耀明麗的寶石，是上層與下層實體的認識；那裏，聖言的面容，充滿慈惠，閃耀在王后（亦即靈魂）的身上，致使她在天上君王的這些德能中神化，靈魂自知已成為王后，

達味在聖詠中所說的王后，真的可以用來描述靈魂：「**王后佩帶敖非爾金飾，侍立在右邊。**」（詠四四10）

因為這一切事發生在靈魂的最深實體內，她接著說：

在那裡，祢獨居幽隱，

⑭ 靈魂說，在她的胸懷裡獨居幽隱，因為，如我們說的，這甜蜜的擁抱是在靈魂實體的深處完成的。

須知，天主隱祕地居住在所有的靈魂內，隱藏在她們的實體內，因為，如果不是這樣，她們必不能繼續生存。

不過，天主的居住，各有不同，也大不相同：因為在有的人內，天主單獨地居住，而其他的人則非單獨居住；在有的人內，祂愉悅地居住，但其他的人卻不是愉悅地居住。祂居住在有些人內，就像是住在祂的家裡，命令和管理一切的事；而在其他的一些人內，就像是陌生人住在別人的家，在那裏，既不讓祂出命令，也不許祂做任何事。

居住在那很少有自己的欲望和愛好的靈魂內，天主可以更單獨，更愉悅，更像居住在自己的家裡，治理和管理靈魂，愈是隱祕地居住，也就愈單獨。

這樣，在這個靈魂內，不再住有任何的欲望，沒有其他的形像和形式，也沒有對任何受造物的情感，心愛主愈是以親密、內在和緊密的擁抱，至極隱祕地居住其內，如我們說的，靈魂對非天主的事物，也會愈純潔和孤單。

所以是隱祕的；因為這個地方和擁抱，魔鬼無法達到，人的理智也不懂是怎麼回事；不過，對處在成全境界的靈魂，這不是隱祕的，她在自己內覺察這個親密的擁抱。然而，這些清醒，並非經常的，因為，當心愛的主產生這個清醒時，靈魂覺得天主在她的胸懷甦醒，先前天主在那裏好像是在睡覺；因為，雖然靈魂從前覺察和享受天主，那就像是睡眠中已熟睡的愛人；因為，當兩者中有一方在沉睡時，彼此間就不能傳達認識與愛，除非雙方都清醒。

⑮ 啊！經常覺察天主在她胸懷休息和憩息的靈魂，多麼有福！啊！她是多麼適於斷絕事物，避開俗務，且生活在無垠的寧靜中，因為，甚至連最細微的塵埃或雜聲，都不會使心愛主的胸懷擾亂和憂煩！

天主常是在那裏，彷彿沉睡在與新娘的擁抱裏，在她靈魂的實體裏，而靈魂非常靈敏地覺察這事，也常常享有。因為，如果天主經常在靈魂內清醒，傳達認識和愛，她會是處在榮福之境。因為，如果當天主清醒時，幾乎很少張開眼睛，祂在靈魂內已有如此的效果，如我們說的，那麼，如果天主常常在靈魂內非常清醒，那又會怎樣呢？

⑯ 至於其他尚未達到這個結合的靈魂，雖然天主沒有什麼不愉悅的，畢竟，她們還是處於恩寵中，不過，如果她們還沒有預備好，雖然天主居住在她們內，對她們而言，仍是隱祕地居住；因為，通常她們覺察不出，除非天主恩賜她們某些愉悅的清醒，雖然並非這個類別，也沒有這樣的優質⑪，也不能與之相比，對於理智和魔鬼也不是這麼的隱祕，如同那個（清醒），因為，經由感官的活動，仍能有些理解——除非達到結合，感官的活動是不會全然滅絕的——，它們仍然有些涉及心靈的活動與行動，因為還不是完全的純靈性。

可是，淨配在成全靈魂內的這個清醒，所發生或導致的一切都是成全的，因為是祂完成一切；其模式是，好像當人要醒來和噓氣時，而聖神在天主內的噓氣，使靈魂感到一種非凡的愉悅，至極地受到光榮和傾心迷戀，所以在下的詩節中說：

在祢愉悅的噓氣裡，
幸福與光榮滿溢，
祢多麼柔巧地傾心迷戀我！

⑰ 在這樣的噓氣中，對靈魂而言，充滿幸福、光榮和天主的柔巧愛情，我不打算談論，甚至也不願意；因為我清楚明白，自知無能為力，如果我勉強為之，必定會辭不達意。因為

11. 意思是說，天主也賜給她們一些層次較低的清醒。優質：原文直譯是金屬 *metal*，引申為特優的品質。

是天主向靈魂發出的噓氣，在其中，經由對神性崇高認識的那個清醒，聖神向靈魂發出的噓氣，相稱於靈魂對天主的理解和認識，使她極深奧地專注於聖神，按照靈魂在天主內所看見的，以神性的完美和柔巧，使她心醉神迷，滿懷愛情；因為是滿溢幸福和光榮的噓氣，聖神藉著這個噓氣，其中充滿聖神給予靈魂的幸福和光榮，在天主的深處，祂傾心迷戀靈魂，超乎言語和感覺，願榮耀與光榮永遠歸於天主。阿們。

CANCIONES QUE HACE EL ALMA EN LA ÍNTIMA UNIÓN CON DIOS

西班牙文：

1. ¡Oh llama de amor viva,
que tiernamente hieres
de mi alma en el más profundo centro!
Pues ya no eres esquiva,
acaba ya, si quieres;
¡rompe la tela de este dulce encuentro!

2. ¡Oh cauterio suave!
¡Oh regalada llaga!
¡Oh mano blanda! ¡Oh toque delicado,
que a vida eterna sabe
y toda deuda paga!
Matando, muerte en vida las has trocado.

中文新譯：

一、啊！愛的活火焰，
溫柔地觸傷我的靈魂
至深中心點！
既然祢已不再壓抑，
瞬即團圓！若是祢願意：
撕破此紗甜蜜相遇！

二、啊！溫柔的燒灼！
啊！歡愉的傷口！
啊！溫和的手！啊！柔巧的接觸，
永恆的生命得以品嘗，
所有的債務全部償還！
經歷死亡，祢以生命變化死亡。

3. ¡Oh lámparas de fuego,
en cuyos resplandores
las profundas cavernas del sentido,
que estaba oscuro y ciego,
con extraños primores
calor y luz dan junto a su querido!

三、啊！火的明燈！
在祢的光輝中，
感官的深奧穴洞，
昔隱且盲，今放光芒，
完美絕倫地，
一起獻給心愛主溫暖與明光。

4. ¡Cuán manso y amoroso
recuerdas en mi seno,
donde secretamente solo moras
y en tu aspirar sabroso,
de vida y gloria lleno,
cuán delicadamente me enamoras!

四、多麼的溫柔與深情！
祢在我的胸懷裡清醒！
在那裡，祢獨居幽隱；
在祢愉悅的噓氣裡，
幸福與光榮滿溢，
祢多麼柔巧地傾心迷戀我！

《愛的活焰》導論[1]

詩節部分

「雖然在前面註解的詩節中（指靈歌），我們談到，在今生人能達到成全的最完美等級，亦即在天主內神化，這些詩節談論的是同一神化境界內的愛，這愛具有更深的特質，也更形成全。」（活焰序3）聖十字若望在《愛的活焰》序言中，用以上的話清楚地表明這首詩所談論的高超主題：「神化境界內崇高成全的愛」。那麼，如果能更明確地瞭解在天主內神化境界的性質，將極有助於閱讀這首詩和註解。

根據聖十字若望所說的，神化境界是人在今世所能達到的最高境界，我們知道，這就相當於他經常所說的「神婚」。他在《靈歌》中說：「神婚……就是在心愛的主內完全神化……因此，神婚是今世的生命可能達到的最高境界。」（靈歌22・3）無疑地，在主內全然神化，這也是《攀登／黑夜》這一部書中指導靈魂的目標，我們已經在那一部書的導

1. 本文譯自 *The Collected Works of St. John of The Cross*. Translated by Kieran Kavanaugh, O.C.D. & Otilio Rodriguez, O.C.D.（ICS Washington D.C. 1979）p.569 － 576。

論中講述過了；這也就是相似的結合（攀登2・5）。所以，無論聖人解釋最高級的成全為神性的結合、神婚，或神化的境界，實質上都是一樣的：就是藉著愛的相似和天主結合。這是人在今世不能超越的境界。

根據《靈歌》和《愛的活焰》，以及我們從《攀登／黑夜》中所得到的知識，關於這個神化的境界，我們列舉以下的本質因素：

（一）這境界是靈魂與天主的完美結合，是以動態的方式在天主內神化。結果，藉著相似或分享天主的活動或生命，靈魂所有認識和情感的活動，全都變為神性的。不過，正如在《攀登加爾默羅山》中所作的解釋，處在這個境界的靈魂，他的存有和本性仍是和天主有所不同，《靈歌》又重複說：「處在這個境界，雙方本性的結合，天人之間的交往是這樣的，即使兩者都沒有改變存有，雙方都顯出如同天主。」（靈歌22・4）至論它的動態方式，這結合是動態的，具有活的形態：

「從靈性觀點來看，生命有二種方式：一是榮福的生命，在於看見天主，這必須經由本性和肉身的死亡才能獲得。……

另一種是成全的靈性生命，就是因愛的結合而擁有天主；這是藉著徹底地克制所有的邪惡、欲望和自我的本性，而獲得的。」（活焰2・32）

舊生命（亦即天主內新生命的死亡）就是官能忙於俗物，放縱欲望於享樂受造物。註解了這話以後，聖十字若望解釋在天主內新成全生命的神化：

「現在理智被一個更高的原則——即天主的超性神光——推動和教導……。意志……現在已變成神性之愛的生命……受聖神的能力和德能推動。本性的欲望……被另一個更具生命力的原則——即天主的歡愉——推動和獲得滿足……。

最後，所有的行動、作用和傾向，先前來自靈魂本性生命的原則和力量，在這個結合中，都已經變成神性的行動，死於其作用和傾向，活於天主。」（活焰2·34；黑夜二42；靈歌38·3）

（二）肯定靈魂的活動是神性的，並不表示靈魂的行動不再充滿活力；其實這意謂著天主在靈魂內徹底地工作，給予行動的最初衝擊，形成行動時，天主伴隨靈魂，同時天主也是行動的最後對象。在這個神化的過程中，天主沒有取代靈魂的活動，而是藉著現在已經成全的超德，徹底地舉揚靈魂，充滿靈魂。即使若望說在這個境界中的靈魂作用是神性的，他仍稱之為靈魂的作用：

「天主已占有這些官能，就像是它們的絕對主人，因為它們在祂內神化了，天主按照祂的聖神和旨意，神性地推動和命令它們。那麼，這些官能作用與天主的毫無差別，靈魂做的全是天主的工作，也是神性的作用。為此，如同聖保祿說的，凡與天主結合的，便是與祂成為一神（格前六17），就是說，靈魂的作用與聖神的作用結合，也成為神性的作用。」（攀登3．2．8；活焰1．9）

（三）在神性的活動中，天主經常朝向祂自己，所以處於此境的靈魂不受激情、欲望或純本性的動機引導而行動，他的活動受到神性活動的限定。那麼，人如果不從相反這神性活動的萬物中得到自由，就不能達到如此的神化等級。

「如同不成全的靈魂，通常傾向於惡，至少在其意志、理智、記憶和欲望的第一個動作上，好像她有許多的不成全。所以從另一方面而言，處於此境的靈魂，通常其理智、記憶、意志和欲望的第一個動作傾向且歸向天主，因為她在天主內得到很大的助祐，也因她那朝向天主的完美歸依。」（靈歌27．7）

如果靈魂最初的動作傾向是在天主內，而且是為天主而作的，那麼靈魂：

「使用理智於理解並實行更能服務祂的事，使用意志於愛一切悅樂祂的，在諸事中，使意志依戀天主。她的記憶和關心，則用之於最取悅和服務祂的。……理智、意志和記憶立刻奔向天主，情感、感官、渴望、欲望、希望、快樂，一切豐盈秉賦，從第一秒開始，就已傾向天主，雖然如我說的，靈魂可能沒有留意，她正為天主工作的這個事實。」（靈歌28．3－5）

（四）在這個境界中，靈魂內阻礙這光榮生命的，就是身體和靈魂的結合。一旦藉著愛的死亡，靈魂一從身體內被解放，必會直接奔向享見天主。

《靈歌》與《活焰》都談到，完全被淨化的靈魂對於在光榮中享見天主的渴望。這份對在光榮中面見天主的渴慕，不像被動淨化中令人憂苦的切切思慕，「而是懷著溫柔和歡愉的渴望，懇求……與主合一……」（活焰1．28）靈魂藉著撕破三層紗達到面見天主。因為處在這個境界中，靈魂已經被淨化。就是說，藉著棄絕世上的萬物、克制本性的欲望和情感、神化本性的活動，已經撕破了二層紗，現在只剩下本性生命的薄紗，使他不能明晰地面見天主。（活焰1．29—34）

（五）靈魂在他的「實體」內，習慣性地經驗這個結合；然而主動的結合是很短暫的。聖十字若望在註解中，以象徵的方式，來描述習慣的結合和主動的結合，說明兩者間的不同：

「在這個靈魂內，不再住有任何的欲望，沒有其他的形像和形式，也沒有對任何受造物的情感，心愛主愈是以親密、內在和緊密的擁抱，至極隱祕地居住其內，如我們說的，靈魂對非天主的事物，也會愈純潔和孤單。……不過，對處在成全境界的靈魂，這不是隱祕的，她在自己內覺察這個親密的擁抱。然而，這些清醒，並非經常的，因為，當心愛的主產生這個清醒時，靈魂覺得天主在她的胸懷甦醒，先前天主在那裏好像是在睡覺。……天主常是在那裏，彷彿沉睡在與新娘的擁抱裏，在她靈魂的實體裏，而靈魂非常靈敏地覺察這事，

也常常享有。因為，如果天主經常在靈魂內清醒，傳達認識和愛，她會是處在榮福之境。因為，如果當天主清醒時，幾乎很少張開眼睛，祂在靈魂內已有如此的效果，如我們說的，那麼，如果天主常常在靈魂內非常清醒，那又會怎樣呢？」（活焰4．14－15）

在天堂上，這個結合將是最強烈、持續不斷和永久的行動。然而，在今生今世，如此強烈和活生生的結合行動不可能是永久的；它們來來去去，按照天主對靈魂的意願，在時間的長短、素質的深淺、次數的頻繁上，會有多多少少的差別。愛的習慣性結合是較不強烈的結合行動，它所形成的永久結合，就是在主動的結合過後，靈魂生活在普通境況中的那種結合形式。神祕聖師說這是隱晦的習慣性結合，無疑地，這是因為其中缺少熾烈與活躍的光明和火焰，那是特屬於主動短暫結合的，亦即那些被稱為「光照」、「光明」、「活焰」、「火焰明燈的光輝」等等，聖人清楚地敘述這事：

「**習慣與動作**，和在愛內焚化與愛的火焰之間的不同是一樣的；恰如燃燒著的木頭，與從木頭中飛躍出來的火焰，兩者間的不同，因為火焰是已存在那裏之火的效果。為此，處在愛之神化境界的靈魂，我們能說，她的平常狀態有如不斷被火襲擊的木頭；而此一靈魂的這些動作，是從愛火中爆裂出來的火焰。」（活焰1．3－4；靈歌26．11）

因為結合是由動態的方式形成的神化，所以，正確地瞭解聖若望所說的「**在靈魂實體內的結合**」是很重要的。他以各種不同的方式使用「**實體**」這個字，我們必須在每個例子中界定它的正確意義，仔細留意文章的前後關係。例如「**在靈魂實體內的結合**」，實體是指在人的心理組織內，所經驗到的福樂、歡愉、喜樂，或悲傷、憂苦、無慰的能力或官能。因為這些能力或官能，可能屬於感官，也可能屬於心靈。所以若望有時說是「**感官的實體**」，有時則說是「**心靈的實體**」。正如理智的結合是信德（認識），意志的結合是愛德（愛），靈魂實體的結合是福樂、平安等等。主動短暫的結合中，靈魂實體的結合是熾烈的，而習慣的結合則是微弱的，雖然有時是深奧的。（活焰1·1、7、19－20、26；靈歌12·9；22·6；26·5、11）

〈活焰〉這首詩是深入神化境界的靈魂所說出的：

「**此處所說的靈魂已達到這樣的燃燒程度，在愛火內，其內在這麼的被焚化與優質化，她不僅和這個火結合，也在她內射出活的火焰。……當火燒得更熾烈，更長久時，木頭被燒得通紅而燃燒起來，直到發出火光，射出火焰。**」（活焰序3－4）倏忽燒起的火焰，相當於一個主動的結合，具有強烈的、深度的特質。神化中靈魂的習慣性境界，相似「熾熱的餘燼」，當結合變成主動時，這餘燼不僅熾熱，而且從中射出活的火焰。

藉此愛的結合，聖父、聖子和聖神居住在我們內。聖十字若望清楚地說明，因為聖三居住在人內，使人能度天主性的生命。所以我們絕不要驚訝天主所賜給靈魂的崇高特恩，因為祂曾許諾，凡愛祂的人，聖父、聖子和聖神要來住在他內。（活焰序2）

關於強烈主動結合的傾注，及其中所充滿的愛的認識，〈活焰〉這首詩指出，這是榮福聖三的工作，「**榮福聖三居住在靈魂內，就是以聖子的智慧，神性地光照她的理智，使她的意志歡欣於聖神，並且在聖父深不可測的溫柔懷抱中，強勢又威能地吞沒她。**」（活焰1．15；2．1－22）這愛情傾流的強度，在於靈魂的預備和天主給予的意願，「**對每個靈魂，天主按照她的預備情況，燃燒和攝取她：有的人多，有的人少，天主完全隨自己的意願，看祂如何及何時願意。**」（活焰2．2）

第一詩節，靈魂自覺極其靠近真福之境，如此活潑有力地在天主內神化，且被天主卓越地占有著。每當柔巧的愛之火焰襲擊她時，靈魂以為塵世生命的薄紗即將被撕破；所以，她祈求聖神撕破此紗，賜予每次相遇時，似乎快要給予的圓滿光榮。

第二詩節，靈魂讚揚聖父、聖子和聖神，強調祂們在她內導致的三個恩惠和降福。這些降福百倍地還報她在今世所忍受的每一個痛苦。

第三詩節，靈魂稱頌感謝她的淨配，賜予她對天主屬性具有豐富的愛和認識。這些屬性有如火焰明燈，傳達光明和熱力。所以，「**昔隱且盲**」的靈魂，領受了愛的光照和溫暖。由於她能將這光明和溫暖給予心愛的主，所以她懷著很深的滿足和喜樂。她清楚地看出，將這神性的光明、神性的溫暖，獻給天主時，她所獻上的是更有價值的，「**把自己的所有物給予天主，按照天主的無限存在，這是和天主相稱的。**」（活焰3．79）

第四詩節，靈魂懷著深愛，尊敬並感謝來自新郎的二個美妙效果，這是天主有時在靈魂內產生的：以輕柔和愛在靈魂內覺醒；靈魂內的甜蜜噓氣，充滿慈惠、光榮和天主的柔巧之愛。

這首詩只有四段詩節，和四十段詩節的〈靈歌〉、八段詩節的〈黑夜〉，互成對比。每段詩節排列成六行，然而實則為五行。

本詩另有一特點，根據序言中聖人親自說的，這首詩是題贈給某一位特別人士，即安納夫人（Doña Ana del Mercado y Peñalosa），她是居住在革拉納達的一位寡婦。聖十字若望認識她，最遲不會晚於一五八二年一月二十日。當時他偕同耶穌．安納姆姆（M. Ana de Jesús），及其他加爾默羅會隱修女，抵達革拉納達，計劃在該城建立新的革新隱修院。當地的某屋主曾允諾將房屋給她們作為修院，卻在最後一刻拒絕了修女們。此時，正是這位安納夫人友愛地接待她們，將她們安頓在她的家中。但是，按照某些抄本的指示，這首詩可能寫於一五八四年之後。

註解部分

註解〈活焰〉，如同〈靈歌〉，先陳述每段詩節的大意，隨即詳細解釋每一行詩句。

其中包括教義性的解釋，或直接與詩節內容有關，或離題旁論。因此，本註解內包括聖十字若望的重要教導，論及靈修生活的許多事理，但卻和詩節的直接題旨無關。

例如，他談論靈魂的煉淨，是火焰的作為（1・19－25）；已經達到神化境界者的死亡原因和模式（1・30）；要達到在主內神化的境界，必須受苦（2・25－30）；為了在天主內度新的生命，必須死於舊生命（2・33－35）；一個人被煉淨和受光照到了接近終點時，他的靈性官能所經歷的乾渴、飢餓和切盼（3・18－26）；神師、魔鬼和靈魂本人，如何成為天主灌注默觀時的障礙（3・29－67）。

〈愛的活焰〉如同〈靈歌〉，也留傳二種版本，我們分別標示為《活焰A》和《活焰B》，兩者的差別並不顯著，這和〈靈歌〉不同。〈活焰〉的詩節順序毫無變更，內容也無增刪，但第二版本的註解則較為詳細。

我們從序言中看到，註解也是題獻給安納夫人的。第一版本確實是一五八五－八七年間，在革拉納達寫成的。聖人當時是安大路西亞省的省會長，正是他生命中最忙碌的時期。若望・宜凡哲立各神父提供以下的證詞：「他在此（革拉納達）會院，因安納夫人的請求，寫了《愛的活焰》。他只以十五天的時間寫完這部書，因為在這裏，他還有繁多的事務纏身。」

根據若望在《靈歌》的序言中所講的，我們可以作此結論，《活焰》寫於《靈歌》第一版本之後，亦即在革拉納達，一五八四年以後。

若要確定《活焰》第二版本的書寫時間，更形困難。我們所得的證詞說，他可能寫於塞谷維亞（一五八八——九一）。而另有證詞說，他寫於拉培紐耶納（一五九一八月——九月）。和他同住培紐耶納（**La Peñuela**）的證人作證，若望經常在晨間進入花園祈禱，及至豔陽高照，才迫使他返回院內的斗室，他在那裏繼續「寫些他已留下的、關於某些詩節的書」。

本書譯自《活焰》第二版本，即《活焰B》，同時遵照塞谷維亞的抄本，並參考貝雅斯及托利多抄本（即第一版本的複本）。

聖十字若望常請求他的讀者，不要認為他所描述的天主聖寵是不可置信的，或純屬誇張。他強調天主豐沛地普施自己，遍及任何有空隙的地方，並且喜悅地「**沿著大街小巷**」顯示祂自己，歡躍於塵寰之間，歡樂地與世人共處，毫不遲疑（活焰1・15）。天主對靈魂只有一個渴望，那就是舉揚靈魂（靈歌28・1）。實際上，聖人所描述的是遠不及於事實的：「**誰能述說，天主多麼舉揚悅樂祂的靈魂呢？這是不可能的，甚至也無法想像的。因為，畢竟祂是天主，祂作這事是為顯示祂自己。**」（靈歌33・8）那麼，達到與天主完美結合的人，為什麼會這麼稀少，理由何在呢？聖十字若望回答，並非天主只願舉揚極少數這樣的心靈，祂更希望所有的人都是成全的，但是祂只能找到很少的空隙，願意忍受達到這崇高境界的考驗（活焰2・27）。但是也不要以為，這些磨難考驗的本身在天主眼中有什麼價值：「我們的一切工作，一切考驗，即使是可能有的最大工作和考驗，在天主眼中全是虛無。我們不能藉之獻給天主什麼，或滿全祂的惟一渴望，即舉揚靈魂。」（靈歌28・1）如果它們有點價值，這是因為經由它們，靈魂的罪過和不成全的習慣得以淨化，在愛德上達到成全，而這愛正是天主極其舉揚靈魂的方法。「因為除了使靈魂和祂平等，祂沒有其他更能舉揚靈魂的方式，惟有靈魂的愛悅樂祂。因為愛的特性，正是使愛人和所愛的對象平等。」（靈歌28・1）「靈魂應該懷著很大的恆心和忍耐，處於天主安排的所有困苦和磨難中，無論是外在或內在的，心靈或身體的，大或小的，都要全盤接受，如同來自天主的手，是為了她的益處，也是良藥，不要逃避，因為它們會給她健康……正如過去，她是困苦的分享者，現在則是安慰與王國的分享者。」（活焰2・30－31）

加爾默羅會士 紀南・柯文諾神父（Kiran Kavanaugh O.C.D.）

愛的情傷與美的昇華——與聖十字若望懇談詩心

關永中

神攝走了詩人的心智，
使他擔任起代言人的專務。
是上蒼、而不是恍神的咏詩者、
在向塵世吟諷著美輪美奐的篇章。
——柏拉圖〈伊昂篇〉534c-d

柏拉圖的名句，也許可以借用來詮釋聖十字若望的詩心。

聖十字若望給西方神祕主義掀起了前所未有的高潮，也為世人寫下了美感洋溢的詩篇，以致他不單被嘉許為古典神祕主義者的典範，且被冠上了西班牙第一詩人的美譽。聖人不曾正題地站在美學立場來探討神祕經驗的內蘊，卻在神化結合（Divinized Union）的頂峰上點化出美的究竟，並透顯於其詩的字裡行間。…

壹、美與神祕默觀的連貫

聖人如此地流露出〈愛的活焰〉之第四詩節：

何其可愛柔輕！
爾醒於我心！
幽隱爾獨居，
爾之甜密噓氣，
幸福光榮滿溢，
何其溫柔，爾以愛情瀰漫我心頭！①

聖人進而在同名的鉅著《愛的活焰》第四詩節的註釋當中，為我們譜下若干扣人心弦的剖析，茲節錄數語如下：

是天主在靈魂內的覺醒（4．2）。…這個覺醒…包含如此的偉大、王權、光榮和親

1. 有關聖十字若望原作，本文主要參閱英譯 *The Collected Works of St. John of the Cross.* Translated by Kieran Kavanaugh & Otilio Rodriguez（Washington, D. C.: ICS Publications, 1979）.
中譯文句，參照下列譯本：
《攀登加爾默羅山》加爾默羅聖衣會譯（台北：星火文化，2012 年）。以下簡稱《山》。
《（兩種）心靈的黑夜》加爾默羅聖衣會譯（台北：星火文化，2010 年）。以下簡稱《黑夜》。
《靈歌》台灣加爾默羅聖衣會譯（台北：上智，2001 年）。以下稱謂《靈歌》。
《愛的活焰》加爾默羅隱修會譯（台北：上智，2000 年）。以下簡稱《活焰》。

> 密的甘飴。靈魂彷彿覺得世上所有的香液和花朵，完全都被混合、攪動和搖動，散發出甜蜜的芳香（4．4）。萬物…全都展示著它們的存有、能力、可愛和恩寵的美麗。…覺醒在這裡有一個明顯的歡愉：靈魂是藉著天主認識受造物，而不是藉著受造物認識天主（4．5）。靈魂只要一眼瞥見，在天主內天主是什麼，以及在萬有內天主是什麼，正如人在王宮開門的一剎那，一眼望見住在王宮內的君王，及君王所作的事（4．7）。

較圓融地（Synthetically）說，此詩節寓意著人與神相戀而被神化，以致神在人內、人在神內覺醒，並體證到萬有在神內所展現的整體之美。

較分析地（Analytically）說，此詩節給我們展示了三個向度[2]如下：

其一是、型器之美（Ontic Beauty）

　　萬物在神內展現著和諧美緻

其二是、感知之美（Cognitive Beauty）

　　心智在默觀中憩息愉悅

其三是、存有學之美（Ontological Beauty）

　　人／神臻至神婚的轉化

　　圓熟地覺醒到美的究極

茲讓我們依循著上述的三重向度來挖掘聖人詩心所體證的底蘊。

2. 茲借用海德格（Martin Heidegger）《存有與時間》的辭彙，以「型器」（Ontic）一辭來寓意世間事物；以「存有學」（Ontological）一辭來意謂那「寂然不動、感而遂通」的天道。沈清松《物理學之後》（台北：牛頓，1987），pp. 135 — 160 也採用此三分法。

一、型器之美

如上引，聖十字若望在《活焰》4．5提示著萬物之在神內散發其美緻，並強調人在經歷心靈高度的淨化當中、尤對此有湛深的覺醒。作為相互的比對與印證，我們也可在聖人其他詩篇和註釋中凸顯出類似的應和。例如：其〈靈歌〉第五詩節就如此地詠嘆：

祂傾下千般恩寵，
匆匆路過樹叢；
且對之垂視凝望，
獨以其形像，
替萬物穿上美麗衣裳。

聖人再在同名著作《靈歌》5．1－4中闡釋如下：

受造物⋯向靈魂顯示天主的崇偉和卓絕。⋯萬物⋯留下天主的形跡（5．1）。⋯整個世界滿盈天主的恩寵（5．2）。⋯透過受造物，我們能追蹤天主的崇偉、大能、智慧和其他的天主屬性（5．3）。⋯創世紀上如此說：「天主看了祂所造的一切，認為樣樣都很好。」（創一31）。天主注視萬物時，不只通傳本性的存有與恩寵，並且以唯一聖子的形像，賜與超性的存有，替萬物穿上美麗的衣裳（5・4）。

固然、聖人還會從逆反方向上指示世物美的炫惑：人們執迷其間，心神可捨本逐末地疏遠上主。《攀登加爾默羅山》（3・2・1—2）就有這樣的話語：

至於本性的美好事物，…如果人歡樂於這一切，…卻沒有感謝天主，…即是虛空和受騙，如撒羅滿所說的：姿色是騙人的，美麗是虛空的（箴卅一30）。（3・21・1）…那麼，神修人在這個虛空的快樂上，應該使他的意志受淨化，置之於黑暗。（3・21・2）…

為此，聖人在《黑夜》2・10就以火燒溼木為喻來叮嚀：

靈魂之被煉淨，…就像…木頭焚化成為火，火的行動是…除掉所有的水份和溼氣，逐漸地燒黑木頭，…最後，…使木頭如同火一樣的美麗，…散發熱力，…發光照耀（2・10・1）。在神化靈魂之前，這火煉淨靈魂內所有的相反特質，…導致黑暗和隱晦（2・10・2）。…智者說，一切美物都伴她而臨於靈魂（智慧書七11），…沒有這個煉淨，靈魂無法領受這神光，得到智慧的甜蜜和愉悅（《黑夜》2・10・4）。…

聖人的言下之意是：人須經歷身心的煉淨，以去其迷執，藉此釋放個人眼界上應有的清淨，來正視萬物本有的美好。

姑勿論我們是從「正」或「反」之面向來體會萬物，聖十字若望總是處在最高視域上肯定萬事萬物原初或終極的美，只是他所追溯的最終目標並不在於世物，以致並不額外費神去問及何謂世物「型器之美」，也不刻意質詢受造物如何浮現其美。

然而話須說回來，即使聖十字若望未曾刻意地分析「型器之美」的細節，到底其用辭如 *gracia*（含恩典、魅力、優雅、姿色…等義）、或 *donaire*（含靈巧、灑脫、文雅、優美…等義）[3]，至少相應著美學名家們所牽涉的辭彙。當我們聚焦在十字若望的體證之際，也可順便聆聽西方歷代思想家在說法上的補充。於此、茲率先以「完整／Integrity」、「和諧／Harmony」、「光輝／Clarity」三辭作為切入的關鍵，以探索「型器之美」的底蘊[4]。

（一）、完整

在《活焰》4．4中、聖十字若望提示：宇宙萬物在神的帶動下，形成一個完美無缺整一，類比著那具有向心力的王子般地、帶動著滿朝文武邁向和合一致的步伐[5]。大宇宙整體律動之美是如此，小宇宙個體的存有又何嘗不是如此！所謂「原璧」就是美，個別存有者的「完整」（Being Intact）本身就是一份美，表現著完整無損狀態下的殊緻。為此、聖人又以〈靈歌〉第卅九詩節「**樹林與其靈巧秀麗**」一偏語來寓意：宇宙內的每一個體都是神的化工，類比著森林中每一顆樹都顯其秀麗；個別存有者既是神的傑作，則無物不美。從

3. 參閱聖衣會2012年中譯文《攀登加爾默羅山》3．21．1，276頁、註56 & 57。
4. 聖多瑪斯就以此三辭之義來闡釋「型器之美」。St. Thomas Aquinas, *Summa Theologiae* Ia, Q. 39, a. 8, "For beauty includes three conditions, integrity or perception, since those things which are impaired are by the very fact ugly; due proportion or harmony; and lastly, brightness or clarity, whence things are called beautiful which have a bright color." 英譯文採自 Fathers of the English Dominican Province 之譯本（New York: Benziger Brothers, Inc. 1947）.

神創化每物的肇始，到一個人的皈依，再到萬事萬物終極圓滿的復歸，我們都體認到存在物在完整狀態下所透顯的美——神原初心意所賦予物的完整（Integrity）。於是，聖人解釋說：「**上天下地一切的受造物，不只從天主得到恩寵、智慧和美麗，且顯自身的智慧、秩序、高雅和其他受造物的和諧關係。**」（《靈歌》39．11）

有關「完整」之謂美，西方自古以來，就有不少哲人嚮應著這一論點：

昔者柏拉圖（Plato, 427 – 347 B.C.）在〈西比亞士第一篇〉（"Hippias Major", 290^b-c）就以費迪雅士（Pheidias）雕塑雅典娜（Athena）神像為例，來提示自然物好比藝術作品；藝術品在大師的巧手完工之時，鬼斧神工地展現創作者所賦予的完整性，類比地，自然物在成長發展當下，恰到好處地顯露理型界所賦予的完整狀態，並以此凸顯其為美。

繼而，亞里士多德（Aristotle, 384 – 322 B. C.）《詩學》（*Poetics*, 1449^a32 – 34）則從反面角度來提示：喜劇主題滑稽而「屬醜的一種」；其下文雖因失佚而未及讓讀者聆聽到亞氏實際的解釋，到底我們可隨之而作如此的聯想：喜劇之為「醜」，蓋因其為「丑」，藉此取笑世態的扭曲、變形與失衡，來反面地暗寓「美」所具備的完整歸一與充沛。究其實、「醜」並不脫離「美」的前提來被體認，如同「惡」不脫離「善」的前提來被領會、或「虛無」不脫離「存有」的前提來被凸顯一般。

其後、聖多瑪斯（St. Thomas Aquinas, 1225 – 1274）在《神學大全》（*Summa*

5. *The Collected Works of St. John of the Cross*, trans. by Kavanaugh & Rodriguez, p. 644, "He bears upon his shoulders…upholding them all, …（and） all things seem to move in unison." 《活焰》4．4，此英譯句看來相當傳神。

Theologiae Ia, Q39, a. 8）尚且給予一個較綜合的說法：「美」以「完整」作為其條件之一；被欣賞的個體在其固定範圍內充份展現其應有之工整而不呈現缺陷，若有所欠缺，則在該欠缺上被認為是醜[6]。

總之、聖十字若望一脈相承地延續了前人的洞察，以「完整」作為器物之美的一個特性。「完整」消極地意謂著未經破損，積極地意謂著成熟的盛況、或歷盡艱辛而仍保持其風貌，或透過復歸而達致其重生與更新。

然而、器物之為美，不單是因了其為「完整」而已，尚且是在其完整中呈現著「和諧」（Harmony）。

（二）、和諧

我們聆聽到聖十字若望對〈愛的活焰〉第四詩節作如此的闡釋：

> 神以大能的話語支撐著萬有，萬物看來都在和諧中運動（4・4）。…在神性生命內受造萬物充溢著存有與和諧，…嶄新地顯示給靈魂（4・6）。

我們也聆聽到聖人對〈靈歌〉卅九詩節作如此的註解：

> 上天下地一切的受造物，…顯露自身的智慧、秩序、高雅和與其他受造物的和諧關係。

6. 參閱註 4 之引文。

這樣我們發現低級受造物之間，及高級受造物之間的和諧，也發現高級和低級受造物之間的和諧，認識這些和諧的關係，使靈魂極為靈巧和歡愉（39．11）。

從其文氣脈絡上作體認，聖人所引用的「和諧」一辭，誠然意謂著器物在成份上之比例恰當、適切均勻，以致在整體上透顯著一份法度雍容、諧協一致。較細緻地說，若剋就個別事物而言，「和諧」一辭寓意著與件成份恰當、結構適中；進而，剋就團體事物而言，則意謂著成員井然有序、比對均衡，在相互呼應中形成一個諧協翕和的整體。

如此的釋義，已層出不窮地展現在歷代名家的話語中：

柏拉圖之〈費里勃斯〉（"Philebus"，$64^{e}6$－7）就曾指器物在均勻和合尺度中呈現其美；也在〈西比亞士第一篇〉（"Hippias Major"，293^{e}）內提示「恰當性」（the Appropriate / *to prepon*）作為一物之為美一個條件，還以費迪雅士（Phedias）所雕的雅典娜像之恰到好處（Fitness）與勻稱（290^{d}）為例來說明；且在〈格而齊亞〉（"Gorgias"，503^{e}－506^{e}, 507^{e}－508^{a}）中標榜美物之蘊含著和諧與秩序。

隨後，亞里士多德在《形上學》（*Metaphysics*, $1078^{a}36$－$^{b}1$）強調事物之美就好比數學之合乎格律與對稱，有著形式上的秩序和均衡；並在《詩學》（*Poetics*, $1450^{b}40$－41; $1451^{a}4$）中指示美之為合乎尺度而大小適中。

再而，多瑪斯在闡釋亞氏倫理（*Exposition of Aristotle's Ethics* IV, lect. 8, n. 738）及註釋

郎巴弟（Peter Lombard）神學句語（*On the Sentences* I,31, 2, 1）中，把「美」解釋為「體積適當」（Due Size），並以漂亮女人的發展成熟、體積適當者為美（Beautiful / *pulchrum*），而只以小女孩的小而精緻者為標緻（Pretty / *formosi*）。

總之，當聖十字若望凸顯著器物之在和諧中呈現適中比例之際，他已遙契著古典哲人們對美的反思。

然而，型器事物之為美，尚且從「和諧」中彰顯其「光輝」（Clarity / Brilliance）。

（三）、光輝

聖十字若望解釋〈愛的活焰〉第四詩節時說：「**他（覺醒的靈魂）彷彿看到所有受造物的德能、實體、成全和恩寵都灼燃輝耀，剎那之間作出相同的行動。**」（焰４．４）聖人在〈靈魂樂於藉信而認識神〉的第五詩節中詠唱：「**祂的光輝永不暗淡，世物的每點亮光都根源自祂，雖然現時仍是夜。**」⑦

「灼燃輝耀」、「光輝」、「明亮」等辭，在投射著極為豐富的涵義：

較圓融地說，造化的光采，沿出自神的華麗，萬物在神內閃耀著美的輝煌，被覺醒的靈魂所體證。

7. “Song of the Soul that Rejoices in Knowing God through Faith”, Stanza 5: “Its clarity is never darkened, And I know that every light has come from it, Although it is night.” *The Collected Works of St. John of the Cross*, trans. by Kavanaugh & O. Rodriguez, p. 723.

較分析地說，「光輝」之辭、透過聖人的活用，正好展現著「共時性」（Synchronic）與「貫時性」（Diachronic）兩重面向：

「共時性」地說，它兼備著「表」、「裡」兩層義：

其「表層義」意謂著萬物外表光鮮亮麗。

其「裡層義」意謂其亮麗的外表、正深層地透顯其內裡的理想原型。

「貫時性」地說，它寓意著「起」、「承」、「結」之歷程：

起——一物被創造之始，已具備神所賦予的原初模式，凡神所思考與原創的、必然美好。

承——一物按神所構想的形式邁進，即使經歷起伏升沉，到底不全忘失其理想目標。

結——萬物幾經艱苦，終要達成圓滿的光華，回歸神的懷抱，被覺醒的靈魂所參悟。

美之為「光輝」的義蘊，至少可以上溯至多瑪斯的見解。

多瑪斯從「光輝」（*claritas*）一辭上、分辨「色澤之美」與「形式之美」兩個層次：

色澤之美——它表層地意謂著個體光輝潤澤、康健充盈（*Sum. Theo.* Ia, Q. 39, a. 8）⑧。

形式之美——表層的光采豐潤、在透顯其理想模式的臻至（*Exposition of Dionysius on the Divine Names*, ch. 4, lect. 5 – 6）⑨。

8. 參閱註 4。
9. "All the substantial essences of beings are caused out of the beautiful. For, every essence is either a simple form or gets its perfection through form. Now, form is a certain irradiation coming forth from the first brilliance. Of cause, brilliance belongs to the rational character of beauty, …" 英譯文採自 *The Pocket Aquinas*. Edited by Vernon J. Bourke（New York: Pocket Books, 1960）, pp. 274-275.

有趣的是，多瑪斯承認此論點取法自聖奧斯定的著作（*Sum. Theo.* Ia, Q. 39, a. 8）⑩。

聖奧斯定（St. Augustine, 354 – 430）《論三位一體》（*De Trinitate* VI, 11），以第二位聖子之為「聖言」（The Word），具備神的睿智，永恆地思維宇宙萬物的理想典型；萬物是按著神心中的理型而受造，以致無物不美；即使世界因了原祖的墮落而沉淪，到底在一總的失落與破損當中，仍掩蓋不住原型的光輝，以致奧氏肯定：醜惡只是美善的缺如而已⑪。

奧斯定則轉折地承認這想法得力自新柏拉圖主義者——普羅提諾——的言論⑫。

普羅提諾（Plotinus, 205 – 270）身兼神祕家與哲學家兩重身份，尤以「美」作為探討專題⑬。他在《九章集》（*The Enneads*, I, 6, 2）就從「形式」（Forms）向度著手討論：當一物完整歸一地展示自己，則美已蘊藏其中，因為它透顯著創造者的理想；例如：雕刻家巧手地完成其作品，則雕像分享了創作者心目中的理想形式，而美就從完成的藝術品中湧現。同樣地、自然物分享了神心目中的理想典型，而在成熟的均勻中閃耀其美。普羅提諾尚且指出：與其說「美」意謂著「均勻」（Symmetry）本身，不如說「美」意謂著「那透顯出均勻的持有者」（that which irradiates symmetry）（*The Enneads*, VI, 7, 22）⑭；他的意思是：事物之美，更在於其為形式的乘載者，而活生者之美，更高出於往生者之軀殼，皆因生活的魂魄更肖似那流溢宇宙萬物的至善者，保有天道的更高形式⑮。

10. "Species or beauty has a likeness to the property of the Son （of the Trinity）. For beauty includes three conditions, integrity…; harmony…; & …clarity… . The third （of these conditions） agrees with the property of the Son, as the Word, which is the light and splendor of the intellect, as Damascene says （*De Fide Orthod.* III. 3）. Augustine alludes to the same when he says （*De Trinitate* VI, 11）: As the perfect Word, not wanting in anything, and so to speak, the art of the omnipotent God, etc." 英譯文來源如上述註四。

11. 聖奧斯定在不同的著作中有相同的論點，例如：*The City of God*, XI, 16-18; XII 7-8; *Confessions* VII, 13, *On Free Will*, III, 24-26; II, 17, 46, etc.

12 Augustine, *Confessions*, VII, 20.

固然、普羅提諾作為新柏拉圖主義者，其論點尚遙契著柏拉圖談美的眾多言論⑯，於此不另詳述。⋯

上述的追溯，多少可讓我們瞥見聖十字若望在「型器之美」的前提上、有著古典美學理論的支撐。

二、感知之美

「型器之美」的前提到底是較站在「客體面」來分析器物美的特質；然而、為作更週延的探討，我們仍須轉向「主體面」來談論「美的感知」。換言之、主體在覺醒到對象物之美當下，會孕育一份欣喜和憩息，簡稱「美感」。聖十字若望在《活焰》4就如此說：

> 天主在靈魂內覺醒，在輕柔和愛中產生。⋯天主在他內噓氣，⋯傳達給靈魂幸福、光榮（4・2）。⋯這個覺醒的甜蜜⋯令我歡愉（4・3）。⋯覺醒在這裡有一個明顯的歡愉：靈魂是藉著天主認識受造物，而不是藉著受造物認識天主（4・5）。⋯靈魂從本性直觀的睡眠中被推動與覺醒，達到超性的直觀（4・6）。⋯靈魂在天主內經驗到輕柔和愛，⋯萬物在天主內合一。這歡愉是強烈的（4・12）。⋯在那清醒中，⋯靈魂感到一股奇異非凡的喜悅歡愉（4・16）。

13. Plotinus, *The Enneads*, I, 6, 1-9; II, 9, 16; III, 5, 1; V, 8, 8-11; VI, 2, 18; VI, 7, 22, etc.
14. "We have to recognize that beauty is that which irradiates symmetry rather than symmetry itself⋯" 英譯文採自 Plotinus, *The Enneads*. Translated by Stephen MacKenna（New York: Pantheon Books, revised edition 1969）, p. 579.
15. Plotinus, *The Enneads* VI, 7, 22, "Why else is there more of the glory of beauty upon the living and only some faint trace of it upon the dead though the face yet retains all its fullness and symmetry? ⋯ It is that the one is more nearly what we are looking for, and this because there is soul there, because there is more of the Idea of The Good, because there is some glow of the light of The Good and this illumination awakens and lift the soul and all that goes with it, so that the whole man is won over to goodness and in the fullest measure stirred to life."

固然，聖十字若望此處是指人在神祕轉化下所意識的「美感」，到底，在日常生活狀態中，我們仍可有相當程度上的類比；主體透過觀賞事物之美當兒，仍不免多少沾染到身心上欣悅與陶醉。作為士林哲學的傳人，聖十字若望的體證、很貼近聖多瑪斯的詮釋。

多瑪斯涵括「感性」與「悟性」二層面來闡述「感知之美」：

其一、感性功能上的安和——人尤容易透過視覺與聽覺而萌生美感；當人在接觸到一件稱心寫意的美物之時，自會從中獲得渴求上的滿足與憩息[17]。

其二、悟性功能上的愉悅——固然、人的美感尚不限止於感官知覺，它還牽涉到悟性功能上的體會；美物吸引著悟性功能（包括理智和意志），使之在領悟中獲得愉悅[18]。

多瑪斯還藉此強調「美」與「善」的密切連繫：二者隸屬同一個個體，只是角度各有差異而已；可欲之謂「善」，可欣賞之謂「美」；兩者實體地一致、而邏輯地相異[19]。誠然、多瑪斯此論點已與亞里士多德的說法若合符節。

亞里士多德一方面指出「美」是令人愉快的「善」，以致「美」實質地（Substantially）無異於「善」（*Rhetoric* $1366^{a}33-6$）；另一方面又指出：「善」以欲求為主題、而「美」則以靜賞為要旨，以致二者又邏輯地（Logically）有別（*Metaphysics* $1078^{a}31-2$）。

再者，提及「美感」之為安於凝視一物而喜悅，柏拉圖還可配合地作補充：當人靜觀一物而悠然神往，他已不再理會此物是否有實際用途與否（“Hippias Major” $290^{e}-291^{d}$；

16. Plato, “Hippias Major” 287-297; “Gorgias” 503-506; “Symposium” 209-212; “Philebus” 64, etc.
17. Thomas Aquinas, *Sum. Theo*. I-II, Q. 27, a. 1, ad. 3, “…the notion of the beautiful is that which calms the desire, by being seen or known. Consequently those senses chiefly regard the beautiful, which are the most cognitive, viz., sight and hearing, as ministering to reason; …the beautiful is something pleasant to apprehend.” 英譯文採自 Father of the English Dominican Province 版本。Cf. 註四。
18. Thomas Aquinas, *Sum. Theo*. Ia, Q. 5, a. 4, ad. 1, “…beauty relates to the cognitive faculty; for beautiful things are those which please when seen.” 英譯文採自 Father of the English Dominican Province 版本，如上註。

"Gorgias" 474[d-e]），他已超出了功利的前提，而滿足於靜賞和欣悅[20]。

美感之為凝神觀照一事，更被馬賽爾發揮得淋漓盡致。馬賽爾（Gabriel Marcel, 1889－1973）引用荷蘭畫家維梅爾（Johannes Vermeer）的名畫〈台夫特街景〉（*The View of Delft*）為例來給「默觀」（Contemplation）現象作描述：藝術家陶醉於山村人物之美，發而為創作靈感，造就了不朽的佳作[21]。於此，馬賽爾體會到「默觀」一詞至少蘊含著「觀看」（Looking）、「分享」（Participation）、「內斂」（Ingatherness）三重義：

首先、默觀是深程度的觀看（Looking）——「默觀」一詞以「觀看」作語根[22]，意謂著人超越了日常的觀望或學術的考察，而以投入的心境來邂逅被欣賞者[23]。

再者、默觀是深程度的分享（Participation）——人不再以旁觀的目光來客化對方，而以敞開的心懷來迎接對方，讓彼此參與雙方豐富的蘊藏，以致在共鳴中同化[24]。

還有、默觀是深程度的內斂（Ingatherness）——主體重拾散佚的心神，把主客對立的隔閡轉化為物我交融的感通，從而昇華為心靈的內靜[25]。

作為深程度的「觀看」、「分享」、與「內斂」，「默觀」讓人產生三重效用如下：

其一是、心的歸化（Conversion）——人藉凝斂而融入「被默觀者」，致使心靈出現脫胎換骨的提昇與淨化，不單對世物開發共情的關懷，還激發起那股潛伏的創新力，以達致對自我與他人的諒解和造就[26]。

19. Thomas Aquinas, *Sum. Theo*. Ia, Q. 5, a. 4, ad. 1, "Beauty and goodness in a thing are identical fundamentally; for they are based upon the same thing, namely, the form; … But they differ logically, for goodness properly relates to the appetite（goodness being what all things desire）; … On the other hand, beauty relates to the cognitive faculty; for beautiful things are those which please when seen."

20. 茲借用尤煌傑、劉千美兩位教授之言來補足；「我們可以用整體綜合的態度來看一個事物，不為任何名利，只是純粹地為它所吸引而陷入深沈的凝神觀照（contemplation）之中。」〔尤煌傑，〈藝術價值——美〉，《哲學概論》鄔昆如主編（台北：五南，2003），p. 481.〕「美感愉悅是一種無所待於利的滿足感（disinterested satisfaction）。」〔劉千美，〈美學與藝術哲學〉，《哲學概論》沈清松主編（台北：五南，2002），p. 413.〕

其二是、美的景仰（Admiration）——相應的心態容許「被默觀者」以嶄新的面貌來展現其美好，致使「默觀者」在欣賞當中深感幸福，在沈醉中不勝歡愉[27]。

其三是、愛的冥合（Union）——「被默觀者」已蹤觸到「默觀者」的心靈深處，彼此激盪起深度的交融；就如同老農夫之心繫其耕地[28]、老海員之念念不忘其海洋[29]一般，「被默觀者」已成了「默觀者」生命的一部份，一起融化於同一的洪流內。這份銘心刻骨的愛慕，尤在人際關係上顯其白熱化；愛侶在互相欣賞與祝福當兒，雙雙匯入愛的出神中，以致「愛」與「美」在「默觀」的凝斂下成了同一的原型[30]。

至此、我們已獲悉眾哲人對「美感」的看法（包括柏拉圖、亞里士多德、多瑪斯、和馬賽爾的洞察），並聚焦在聖十字若望的體證下而達致融匯貫通。

三、存有學之美

固然、我們曉得：聖十字若望所體證的美，並不停滯於世間的人地事物上，尚且直達神的境界來默觀其中的「至美」。其〈靈歌〉第十一詩節就如此地吟詠：

請顯示祢的親臨，
願看見祢及祢的美麗

21. Gabriel Marcel, *The Mystery of Being*, Vol. I, Reflection and Mystery. Trans. by G. S. Fraser （Chicago: Henri Regnery, 1951）, pp. 135-136.
22. Marcel, *The Mystery of Being*, I, p. 125.
23. Marcel, *The Mystery of Being*, I, pp. 125-126.
24. Marcel, *The Mystery of Being*, I, p. 127.
25. Marcel, *The Mystery of Being*, I, p. 128, “Ingatherness is the means by which I am able to impose an inner silence on myself.”

致我於死地；
若非祢的真像和親臨，
不能治好相思病情（11．1）。

他還為這詩節作如下的註釋：

靈魂…請求心愛的主顯示的這個親臨…非常卓然高貴，致使靈魂感到其中有個隱藏的無限，天主從中通傳給她些微近於明晰的瞥見，窺探祂的神性美麗（11．4）。…靈魂敢這樣說，願看見祢及祢的美麗致我於死地，是正確的，因為她知道，在她看見這個美的瞬間必會出神，且被吞沒於此美麗之中，並在這同一的美麗中被神化，使之美化有如這個美的本身，又被致富和備妥如同這個美（11．10）。…要知道，非等到相愛的人彼此相似，使其中之一在另一位內變化形像，愛絕不會達到完美的地步（11．12）。

〈靈歌〉的第十一詩節和解釋，或許可藉「正」、「反」、「合」的辯證來鋪敘。

其「正題」義是：靈魂一旦嚐到神的甜美，即會萬死不辭地渴慕祂；若不達到目的，則心神永無息止，以致導引一「反題」如下。

其「反題」義是：以神的「至美」作前提，則萬物之美都顯得如此遜色、以致不值得

26 Marcel, *The Mystery of Being*, I, pp. 129-132.
27. Marcel, *The Mystery of Being*, I, p. 135.
28. Marcel, *The Mystery of Being*, I, p. 115.
29. Marcel, *The Mystery of Being*, I, p. 116.
30. Marcel, *The Mystery of Being*, I, p. 127. 有關馬賽爾對「愛與美」的進一步引介，參閱拙作《愛、恨與死亡——一個現代哲學的探索》（台北：台灣商務，1997），第十一章：〈愛與美：與馬賽爾懇談〉，pp. 354-374.

執迷，如同《山》1．4－5所指：

世物之「真」、較之於「至真」、則簡直是「偽」；
世物之「善」、較之於「至善」、則簡直是「惡」；
世物之「美」、較之於「至美」、則簡直是「醜」。

「正」、「反」辯證之帶動，容許我們正視一「合」題。

其「合題」義是：靈魂經歷充份煉淨而在神內轉化，恰似潔亮的玻璃一般地透顯著陽光的輝耀（活焰3．77），以致有相應的心態來見證「神在萬物內、萬物在神內」的整體美《活焰》4．7）。

究其實、在美學史上、聖十字若望已不是第一人作如此的描繪，柏拉圖尚且在說法上與之呼應：

柏拉圖〈饗宴篇〉（"Symposium" 203^{b}－204^{a}）以「愛欲」（*Eros*）作為象徵，意謂著人有一股渴求美善的動力，不滿足於有限事物的美，而指往至高之美。在提昇的過程中，人靈先落實於經驗上的個別美物，並從中體會其美的型相（"Symposium" 209^{e}－210^{b}），再默觀靈魂的美、以及靈性事理之美（"Symposium" $210^{b\text{-}d}$），進而躍昇至眾美物型相的總根源——「至美」（"Symposium" $211^{a\text{-}b}$）；祂不生不滅，不增不減，完整和諧，為一切美物所分享；世間一般美物則有生滅增減，唯有「至美」永恆常在、亙古如一。

作為柏拉圖的傳人、普羅提諾更在神祕經驗的參悟上、給柏拉圖作相應的詮釋：

普羅提諾提出：人在陶醉與愉悅於美景良辰、山川草木、人間溫情當中，也體認到被欣賞的美物與欣賞者間相連相繫的「近似」（Affinity），甚至體會到自己與萬物都在分享著美的典型，以神聖的淵源作為最後的歸屬（*Enneads* I, 6, 2），而內心的愛慕之情，尚直截地被體證為對唯一至美者的戀慕（*Enneads* III, 5, 1），他藉較低層次與較暗淡的美者身上，舉目遙契那崇高、絕對、而終極的至美本身（*Enneads* I, 6, 7; VI, 2, 18; V, 8, 8 – 10）。如此一來，人從凝視感性之美中躍昇至默觀無限的至美（*Enneads* I, 6, 8 – 9; II, 9, 16）；人在冥合至美者之際，他也超凡入聖地成為（Becomes）「美」，以致在個體上透顯出美的神性。此時、萬物之美已成了他攀升的梯階，他已不必再倚仗它們的扶持，因為他已歸返其所來自的淵源（Enneads V, 7, 11）。

回顧地說，我們先後從「型器」、「感知」、「存有學」三向度來企圖點化「美物」、「美感」、「至美」之特性與連貫，並聆聽聖十字若望從神祕默觀眼光所給予的提示，也抅連了古今眾哲人的體會，且融匯於聖十字若望詩詞的發揮下。茲藉下圖作撮要：

於此、我們不禁追問：聖人如何透過「詩心」的感觸而孕育其「神祕經驗」與「美的體證」？

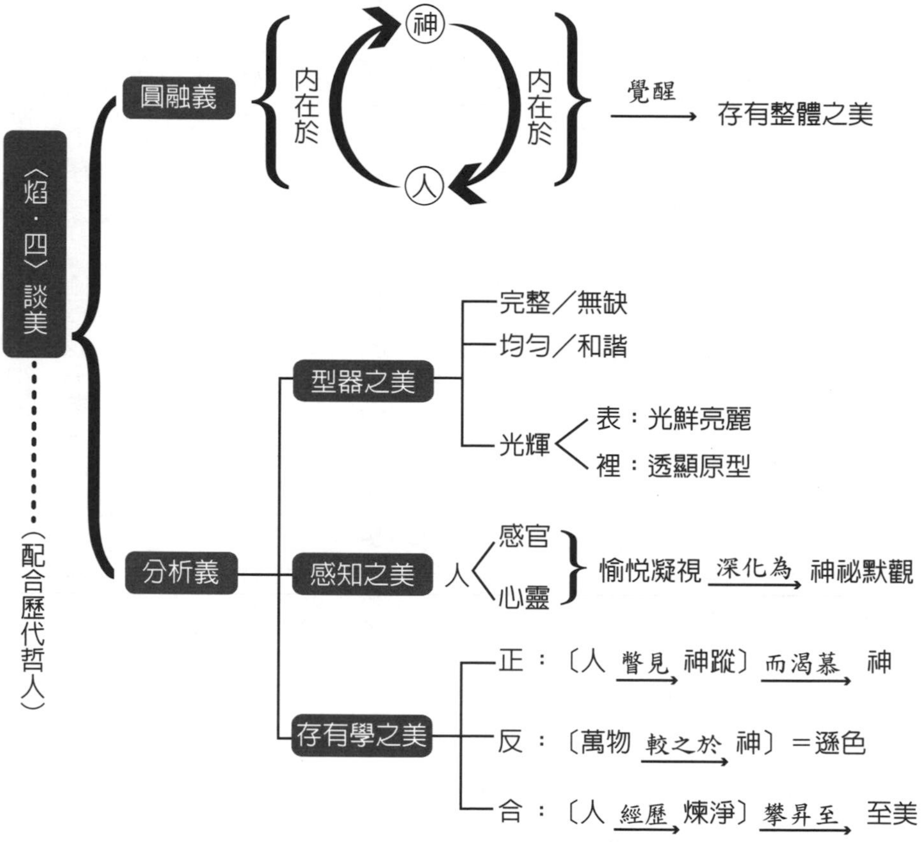
〈焰·四〉談美
（配合歷代哲人）
圓融義
內在於
神
人
內在於
覺醒
存有整體之美
分析義
型器之美
完整／無缺
均勻／和諧
光輝
表：光鮮亮麗
裡：透顯原型
感知之美
人
感官
心靈
愉悅凝視
深化為
神祕默觀
存有學之美
正：〔人 瞥見 神蹤〕而渴慕 神
反：〔萬物 較之於 神〕＝遜色
合：〔人 經歷 煉淨〕攀昇至 至美

貳、聖十字若望的詩心—以亞氏《詩學》的提示作指引

為聖十字若望而言，其「詩心」、「神祕經驗」、與「美的體證」是屬同一個整體的不同面向。聖十字若望先天地擁有詩人的秉賦，加上後天的鍛鍊、而造就我們所認識的詩人神祕家。誠然、品格高尚的詩人，會體證到美的深度；而崇高的神祕經驗，也讓他瞥見美的超凡；當我們落實在詩人兼神祕家的聖者身上，則美感洋溢的句語，會躍然於筆觸和吟諷之間，深深地打動著讀者的心坎，讓他警覺到那至高的視域。於此、為方便容許我們體會「詩心」、「神祕經驗」、「美的體證」三者在聖十字若望身上的配合，茲讓我們首先對「詩心」的涵義略作反思如下。

一、詩心

較籠統地說，詩人那份敏於吟詠的才智、心思、旨趣、以及與詩相關的技能，可泛稱為「詩心」（Poetic Spirit）。在西方古典文化的沿流中，前人起初並不特別引用確定的名辭來稱謂「詩」；例如：荷馬（Homer, 8th c. B. C.）稱之為 *aoidē*，意謂「詩歌」；柏拉圖用 *mousikē* 一辭來泛指「詩」、「音樂」、甚至「說故事」等才藝（"Republic" II, 376^{e}）；自

亞里士多德開始，*poiesis*之為「詩」之名字逐漸被醞釀，至公元前五世紀而大致落實[31]。

（一）、從亞氏對*poiesis*一辭的體認說起

古希臘字*poiesis*（英譯Poetry；中譯「詩」），原意為「創造活動／Activity of Creating」、「製造活動／Activity of Making」、或「出產活動／Activity of Producing」、連貫著*poiein*（主動／to Act, Action）一辭，以與*paschein*（被動／*Passion*）義相對應。亞里士多德還在「應用」的前提上分辨「實踐之知／*Practical Knowledge*」與「製作之知／Productive Knowledge」。

「實踐之知／*praktike episteme*」意謂倫理實踐，凸顯「道德行為／*prattein*」面；「製作之知／*poiētikē episteme*」則寓意著工藝製作，強調「創作活動／*poiein*」面，意義與「技藝／*technē*」一辭大致相通，然狹義的「製作技藝／*poiētikē technē par excellence*」則專指「詩學／Poetics」[32]而言；亞里士多德還著專書《詩學／*Peri Poiētikēs*》來為之闡釋，只不過其分析內容尚遍及「悲劇／Tragedy」、「音樂／Music」、「史詩／Epic」等而已。如此說來，詩人是*poiētes*（製作者）、一首詩是*poiēma*（製成品）。古希臘人不喜用*graphein*（書寫）一辭來意謂吟詩，而喜用*poiein*（製作）一辭來交待，即以詩的創作類比著鞋匠之做鞋

31. Cf. 亞里士多德著，陳中梅譯注，《詩學／ Peri Poiētikēs》（台北：台灣商務，2001 年），p. 278.
32. Cf. F. E. Peters, *Greek Philosophical Terms: a Historical Lexicon*（New York: New York University Press, 1967）, p. 162.
33. Cf. 亞氏《詩學》、陳中梅中譯，pp. 28-29.

一般，因應著及手的原料、按若干原則的規範、再憑個人的才藝來產生製品㉝；換言之，詩人在創作的剎那，會因應先天、後天的才藝、再從既有的語言文化上、孕育出前所未有的創意、甚至震古鑠今的絕響。

亞氏 *poiētikē* 一辭，較側重「時間面」（即凸顯情節推演）之藝術創作，如戲劇、史詩、舞蹈、音樂等，而較不理會「空間面」（即凸顯顏色形象）之技藝、如繪畫、雕刻等。他又從中劃分三種媒介（Means），它們是「節奏／*Rhythm*」、「語言／Language」、「音調／Tune」三者（*Poetics* I, $1447^{a\text{-}b}$）㉞；此三辭雖然在理論上意義彼此有分別，然而在實際操作上卻往往互相拘連，甚至糾纏不清；茲權宜地給它們略釋如下：

節奏／*rhuthmos* ——此辭概指「步伐」、「節拍」；其含義甚廣，不單牽涉「舞蹈」的快慢，且關連著「音調」的拍子，甚至連繫著「語言」的「度量」（*metron*，複數 *metra*），如單字、字數、句數、節數之長短、緩急、以形成「音步」等㉟。

語言／*logos* ——此辭廣義言文字、話語及其運用，方便地被分辨為「非格律文／Prose」、與「格律文／Verse」。「非格律文」意謂無特別修飾之話語，如散文、歷史記述、哲學論著、蘇格拉底式對話錄（Socratic Dialogues）、古希臘擬劇（Mimes）等㊱。「格律文」則寓意著韻文，蘊含著對偶、駢儷、押韻，適應著字數、句數、行數之特定規則而形成詩格，如抒情詩（Lyrics）、史詩（Epics）、輓歌（Elegies）、悲劇（Tragedy）等㊲。

34. 在亞氏之前，柏拉圖也曾合併討論此三者。例如：在 "Republic" III, $398^{c\text{-}d}$，柏氏以「歌／*melos*」由「語言／*logos*」、「音調／*harmonia*」和「節奏／*rhuthmos*」組成。他又在 "Laws" II, $669^{a\text{-}b}$ 提及藝術評論牽涉此三項目，以界定藝術創作的優劣。
35. 一種節奏可以一再重複與伸展。詩人從某種節奏中取出若干音步，形成詩格。例如，六音步長短短格是從「長短短」這一節奏內切分出來的「部分」。參閱亞氏《詩學》、陳中梅譯注，p. 50, 註 9, 及 p. 33, 註 25.
36. 索弗榮（*Sōphron* 約公元前 470-400 年）以對話形式描寫人們的日常生活，名為「擬劇／Mimes / *mimos*」。參閱亞氏《詩學》、陳中梅譯注，p. 33, 註 28.

音調／*harmonia*——此辭與*melodia*字義相通，泛指人聲的語音（Voice）、平仄、聲韻、清濁、抑揚、頓挫等，並遍及器樂的聲響（Sound）、音色，涵括著音量的大小、頻率的高低、旋律的流曳、對位的諧協與對比等，故還牽涉了樂曲的「調」，近似國樂的「宮、商、角、徵、羽」[38]。

亞氏進一步按三媒介的分合而展陳出若干能有的狀況如下（Poetics I, 1447^{a}23 – ^{b}29）：

剋就「節奏」而言，則展現「舞蹈」；

剋就「語言」而不講究「節奏」，則展現「非格律文」如「蘇格拉底式對話」、「擬劇」等；

剋就「語言」加「節奏」而言，則展現「格律文」如「輓歌」、「史詩」等；

剋就「節奏」加「音調」而言，則展現「器樂」之演奏；

剋就「節奏」加「語言」加「音調」而言，則展現「抒情詩」、「悲劇」、「喜劇」等。

目前我們最關注之焦點是：那由「語言」加上「節奏」的「格律文」，亦即狹義的詩作，並追問：什麼是「詩」的本質？

（二）、追尋詩的本質義

固然亞氏並沒有狹義地為「詩」正名或下定義[39]，到底上述的提示已足夠啟發我們去

37. 關於「抒情詩」通常指用豎琴伴奏的詩，稱為 *lurikos*，英譯 Lyric，既可指「豎琴的」，亦可指「抒情的」。至於「輓歌／ *elegoi*」，初期多為描寫戰爭或戰鬥生活的詩歌，後有用來詠懷往事及哀悼死難者。Cf. 陳中梅譯注《詩學》，p. 30, 註 11 & p. 34, 註 31.
38. 參閱亞氏《詩學》、陳中梅譯注，pp. 31-32, 註 17.

作進一步的整理。茲讓我們扣緊詩的形式（Form）與內容（Content）來考量，以企圖釐定一個較為充份的定義。

1、詩的形式面

如上述，詩是「格律文」，涵括著「語言」與「節奏」的組合，字句講究「格」與「律」。「格」者、標準也；「律」者、約束也。凡行文接受平仄、音韻、字句、行數等一定準則的各重限制者，是為蘊含格律體裁之作。換言之，單從形式面來估量，亞氏指出詩首要地以有「節奏」的「語言」來作媒介，以造就接受若干規範的行文，讓人讀來琅琅上口；此外、它次要地不排斥入樂，即以配合樂曲而凸顯「音調」、以形成歌謠，即使「音調」並非其核心或必要的因素而已。

然而、話須說回來，有部份缺乏格律範圍的文字可以蘊含「詩意」，（如國內之現代詩）；反之、用韻文形式改寫的作品不一定就意謂著「詩」之為「詩」本身，以致我們須進一步地從詩的內容來反省。

39. 亞氏《詩學》第 1 章，1447a-b，「有一種藝術僅以語言摹仿，所用的是無音樂伴奏的話語或格律文（或混用詩格，或單用一種詩格），此種藝術至今沒有名稱。」（陳中梅中譯，p. 27）。

2、詩的內容面

亞氏即使沒有狹義地定義詩是什麼，他至少從內容面指出詩不是什麼。

（1）詩不是什麼

亞氏分別指出：詩不等同於歷史，也不等同於哲學。

a、詩不等同於歷史

詩有別於歷史記載（*Poetics* IX, 1451$^{a\text{-}b}$），兩者相較，會呈現以下的差異：

歷史關涉個別史實，詩則放眼普遍意象，此其一。

歷史記錄已發生的事，詩則描述可發生的事，此其二。

為此，即使把希羅多德（Herodotus, 約公元前 482 – 425 年）的作品改寫成格律體裁，它仍然是歷史（*Poetics* IX, 1451^{b}1 – 4）；反之，史詩（Epic）即使取材於歷史，其旨只作概然表述，以詠其志。

亞氏所欲強調的是：詩比歷史更具哲學意味、更蘊含深遠意旨（*Poetics* IX, 1451^b5－8）。然而，這並不意謂著詩等同於哲學。

b、詩不等同於哲學

固然詩比歷史更接近哲學，因為詩與哲學的陳述都具普遍涵義；但我們並不容就此輕易地把二者劃上等號。亞氏把荷馬和恩培多克勒（Empedocles, 約公元前 493 － 433 年）二人相較而指出：雖然兩者都用格律體裁來行文，到底荷馬仍是詩人，而恩培多克勒仍是自然哲學家（*Poetics* I, 1447^b17 － 19）。他又提示：詩的陳述「毋寧」（Rather）具有普遍性質（*Poetics* IX, 1451^b5 － 9）[40]。言下之意是：哲學直截追問事物之本質，藉此為它下準確定義；反之，詩較以個別具體之物來作比況，藉此間接地暗示事物之隱義。換句話說，

哲學旨在說理；詩卻旨在諷喻。

哲學追根究底，為給真理作精確推論；詩作有感而發，對潛伏的真相只點到即止。

總之，詩有其核心意義是哲學與歷史所無。那麼，詩的核心義是什麼？

40. "Hence poetry is something more philosophic and of graver import than history, since its statements are of the nature rather of universals, whereas those of history are singulars." Aristotle, *Poetics*, IX, 1451b5-6. Translated by I. Bywater, in *The Collected Works of Aristotle*. Edited by Jonathan Barnes （New Jersey: Princeton University Press, 1984）, Volume Two, p. 2323. 被強調部份出自本文筆者。
Frederick Copleston 著，傅佩榮譯，《西洋哲學史（一）：希臘與羅馬》（台北：黎明文化事業公司，1986），第三十三章：〈亞里士多德的美學〉，二、（五），p. 459,「亞氏曾說，詩的陳述『毋寧』具有普遍性質，這句話值得注意。因為它似乎表示：詩的對象並不是抽象的共相（或普遍物）；換言之，詩不是哲學。因此亞氏批評以訓誨為目的的詩，因為在詩中用到哲學體系，無異於以詩的形式寫哲學；這樣不能算是創作詩篇。」

（2）、詩是什麼

亞氏雖然未刻意地為詩下定義，到底他提出了若干關鍵詞來讓我們正視，其中尤以 *mimesis*（摹仿）一辭最受注目。

a、詩之為 *mimesis*

亞氏在《詩學》第一章即開宗明義地說：

> 史詩的編製、悲劇、喜劇…這一切總的說來都是摹仿。…正如有人…用色彩和形態摹仿，…而另一些人則借助聲音來達到同樣的目的一樣，上文提及的藝術都憑借節奏、話語和音調進行摹仿。…有一種藝術僅以語言摹仿，所用的是無音樂伴奏的話語或格律文…，此種藝術至今沒有名稱[41]。

亞氏的意思是：藝術創作首要地是 *mimesis*（摹仿）的活動，其中包括詩文、戲劇、歌曲、器樂、圖畫、雕刻等，牽涉面廣闊，而 *mimesis* 一辭意義豐富。

41. *Poetics*, I, 1447a14-1447b1. 中譯文採自陳中梅譯注，p. 27.

i／語源學考究

從語源學追溯，*mimesis* 語根 *mi* 或 *mim*，意謂「轉化」、「蒙騙」等，名詞 *mimos*（複數 *mimoi*），最早可能指謂西西里地區的一種擬劇，其辭派生為動詞 *mimeisthai*，再演繹為動名詞 *mimesis*，與 *mimema*（再現）一辭相通，然 *mimesis* 較意謂摹擬活動，而 *mimema* 則較意指人物的摹擬或器物的複製品㊷。概言之，*mimesis* 一辭難以用一個適當翻譯詞來揭盡所有涵義，它有摹仿、再現、複製、扮演、表象、重構、甚至象徵等義，意義豐富，牽涉面寬廣，須按個別篇章文義來作具體落實。

ii／亞氏較之於柏氏對 *mimesis* 一辭的運用

在古典哲學上，用此辭而聞名於世者，當數柏拉圖和亞里士多德。然一般史家都認為：柏拉圖較傾向於凸顯其負面義，而亞氏則反是。柏拉圖以藝術品摹仿實物，而實物則摹仿理型，以致藝術品是摹仿中的摹仿，離真理相隔更遠（"Republic" X, 596 – 597）。反之，亞里士多德則持更積極的態度，以藝術作品在摹仿中更能突出普遍深義（*Poetics* IX, 1451^{b}），價值尚且媲美於原型（*Poetics* XXV, 1461^{b}10 – 13）㊸。

42. 亞氏《詩學》，陳中梅譯注，附錄（四）：<*Mimēsis*>, p. 206.
43. 「做詩的需要，作品應高於原型，…如宙克西斯畫中的人物，…藝術家應該對原型有所加工。」（陳中梅中譯，p. 180）。

換言之，柏氏較之於亞氏，mimesis一辭的用法有其同與異。其同者在於二人皆認為藝術世界摹仿真實世界。其異者在於柏氏以藝術品比現象物更遠離真理，而亞氏則秉持藝術摹仿是突顯真實面的有效途徑。亞氏以藝術創作並非徒然如實照抄而已，而是藉摹擬手法來作「比、興」。

iii／詩比哲、史更富比、興

如前述、亞氏指詩比歷史更「哲學」，也比哲學更「歷史」，因為它一方面比歷史更能吐露普遍深義，另一方面又比哲學更敏於比況、而不至失諸虛玄。如此說來，他已隱然對詩的本質作了一點積極的提示——詩借用個別具體事例來寓意普遍抽象義涵；換言之，詩比哲、史更富含「比、興」。茲用劉勰《文心雕龍．比興篇》語：「比者，附也；興者，起也。附理者切類以指事，起情者依微以擬議。」即使詩人也引用「賦」體以直言物事[44]，然其首要目標只在乎「鋪采攡文、體物寫志」[45]，而不在乎口誅筆伐、說理施教；也就是說，詩比哲、史更懂得運用意象來帶出弦外之音，以致亞氏言詩之為「摹仿」當兒，誠然在標榜其象徵活動。

44. 鍾嶸〈詩品．上〉：「故詩有三義焉：一曰興、二曰比、三曰賦。文已盡而義有餘，興也；因物喻志，比也；直書其事，寓言寫物，賦也。」
45. 劉勰《文心雕龍．詮賦篇》
46. Paul Ricoeur, *Symbolism of Evil*（Boston: Beacon Press, 1967）, pp. 14-18.
46. 劉勰《文心雕龍．比興篇》：「詩文弘奧，包韞六義，毛公述傳，獨標興體，豈不以風通而賦同，比顯而興隱哉！」參閱上述註44。

iv／*Mimesis* 在詩作中更意謂象徵活動

於此、呂格爾（Paul Ricoeur, 1913 – 2005）可進而給亞氏論點作補充；按呂氏《惡的象徵》[46]之提示，「象徵／Symbol」意謂一「表層義／Literal Meaning」導引出一「潛伏義／Latent Meaning」。例如：「汙點」作為「象徵」而言，以「某物被汙染」為表層義、來遙指「靈性罪業」這潛伏義；換言之，它以被汙染物作類比、來讓世人體會所隱含的罪業義；而表層義與潛伏義間的連繫，無從徹底地藉思辯推理方式來全然被釐清。

呂氏又指出：「象徵／Symbol」與「寓言／Allegory」相似，但彼此有別。「寓言」先有一意義，再套用一意象來示意；「象徵」則反是。例如：寓言家事先想及「驕兵必敗」這寓意，再套用「龜兔賽跑」這意象來表達；然所套用的意象並非不可或缺，讀者可「得意而忘象」。反之，象徵則是自發性的創造，人事先並未刻意要求用某事象來作類比；例如：亞當夏娃失樂園的故事意義深遠而面向多重，內涵豐富而取之不盡，是為進入一奧祕的不二法門，它不容隨意被棄置或忽略，否則真義會因而一併地被忘失與消除。

誠然、「象徵」與「寓言」間的張力，較之於「比」與「興」之間的拉鋸，兩套辭彙即使並非互相絕對地等同，至少意義有著相當程度的重疊。中國古人謂「比顯而興隱」；「比」徒然因物比況，意義淺近，易觸類旁通；反之，「興」則是「言已盡而義有餘」，不容藉詮譯而揭盡[47]。總之，中西兩套術語都寓意著詩人之善用意象來取意，以致 *mimesis* 一辭一旦落實於詩學藝術之上，則更凸顯其中象物擬事功用。

V／*Mimesis* 之象徵手法至少涵括象物與擬事二者

於此，艾笛思坦（Edith Stein, 1891 – 1942）在「象徵」一辭之上尚且給予這樣的澄清；「象徵」一方面透過「象物」、另一方面透過「擬事」、來作比況，藉此呈現能有的深義[48]：所謂「象物」，即從器物的顯義上、表象出所引發的隱義。例如：馬致遠〈天淨沙：秋思〉從「枯藤老樹昏鴉、小橋流水人家、古道西風瘦馬、夕陽西下」等物象，來點出「斷腸人在天涯」。

所謂「擬事」，即從「史事」的始末上、帶引出發人深省的奧理。例如：杜甫〈閣夜〉以「臥龍躍馬終黃土」一語，來提示「人事音書漫寂寥」的深義。即以諸葛亮、和公孫述此二人之盛衰興亡作借鏡，來詠懷人事音信的虛幻與世間事物的無常。

綜合上述的分析，*mimesis* 一辭一旦落實於詩作，則表現其象徵活動，藉象物擬事技巧作比況，以容許深層義的浮現。亞氏對詩作所意指的本質義，除了彰顯出 *mimesis* 一辭外，尚且以 *katharsis*（滌淨）作為另一關鍵詞。

47. 劉勰《文心雕龍．比興篇》：「詩文弘奧，包韞六義，毛公述傳，獨標興體，豈不以風通而賦同，比顯而興隱哉！」參閱上述註 44。

48. Edith Stein, *The Science of the Cross: A Study of St. John of the Cross.* Translated by Hilda Graef（London: Burns & Oates, 1960）, pp. 25-27. 艾笛思坦的說法，旨在凸顯聖十字若望詩作的以自然現象之「夜／Noche」來寓意神祕修行之「夜」，並以救恩史的「十字架／Cruz」來提點靈修者去複製基督之「苦難、聖死、後活」的奧跡；此等論點容後討論。

b、詩之為 *katharsis*

Katharsis 繼 *mimesis* 一辭而為另一相當耀眼的詞語。在《詩學》（VI, 1449b）中，亞氏以悲劇透過語言、節奏、音調的翕和，而在觀眾身上引發出憐憫與恐懼，藉此達致情感上的疏導與滌淨。

i／語源學考究

Katharsis，其動詞 *kathairō* 語根義指「純淨」，甚至「修剪」，意謂消極地去除無用有害的部份，以求積極地臻至整理恢復原初的純潔與清淨。希臘詞 *kathairein*（*kathairō* 的現在時不定式），大概沿出自閃米特詞 qtr，寓意著宗教禮儀之熏煙[49]；而名詞 *katharsis* 以－*sis* 作結尾，凸顯其為行動或過程之意。

ii／*Katharsis* 一辭所指涉的範圍

Katharsis 一辭的應用面寬廣，涵括著醫學、哲學、宗教等範圍。究其實，古希臘人較

49. Walter Burkert, *Greek Religion*. Translated by John Raffan （Cambridge / Massachusetts: Harvard University Press, 1985）, p. 76. 參閱陳中梅譯注亞氏《詩學》，pp. 230-231.

從圓融眼光來看待眾學理，以它們彼此連貫與重疊，而非如此地壁壘分明，以致阿斯克勒庇俄斯（Asklēpios）可以既是醫聖、又是宗教領袖。然若較從分析角度體認，我們可分別地從醫學、哲學、宗教靈修三方面來作檢視。

從「醫學」面看，公元前五世紀時，*katharsis* 一辭已用來泛言醫治手段，其對治範圍涵括「身、心、靈」三層面。

「身」方面：醫學家希珀克拉忒斯（Hippokratēs）早已提示人體任何成分積蓄過量即導致病變，而須疏導多餘部分，以免影響整體。亞里士多德既出身醫學世家，自然熟悉其中道理[50]。

「心」方面：古希臘人又懂得用「順勢療法／Homoeopathy」來對治情緒、免使失控；柏拉圖（"Republic" 560^{d}; "Laws" 790^{c} – 791^{b}）就曾剋就「宗教狂熱／*enthousiasmos*」等症狀來談情緒疏導。為此，亞氏《詩學》（VI, 1449^{b}）談悲劇之引發憐憫與恐懼以求滌淨昇華，其說自有所本。

「靈」方面：按伊安比利科斯（Iamblichus）《畢達哥拉斯傳／*Vita Pythagorae*》110 之記載：畢氏學派採用音樂來淨化心靈，使之翕合大宇宙頻率。為此，亞里士多德（*Politics* 8, 7, 1341^{b} – 1342^{a}）也談某種音樂之為心靈療法。

固然 *katharsis* 一辭不限止於醫療，它尚且擴及哲學。

50. 亞氏論著，*katharsis* 一辭常含醫學或生理學的「淨化」或近似的意義。Cf. Physics 2, 3, $194^{b}36$; *History of Animals* 6, 18, $572^{b}30$ff; *Generation of Animals* 1, 19, $727^{a}14$, ${}^{b}14$ff; *Metaphysics* 5, 2, $1013^{b}1$.

從「哲學」面看，我們暫見其多方面的應用，包括認知面、道德面、政教面等。

認知面：蘇格拉底以「辯駁」（Interrogation / *elenkhos*）本身為一份「淨化」活動，因為它不僅掃除愚昧、糾正謬誤，尚且開發心智、增進智慧（Cf. Plato, "Sophists" 226^{a} – 230^{d}）。亞氏既為蘇氏再傳弟子，自然不會對此說陌生。

道德面：柏拉圖談「節制／*sophrosyne*」等德行，會引用 *katharsis* 一辭來論述（"Phaedo" 67^{c} – d, $69^{c\text{-}d}$, 114^{c}; "Republic" 431^{e}, 432^{a}, 433^{d}），即把「淨化」活動引申至道德實踐立場來考量，以提示去惡行善、改邪歸正的義蘊。為此、亞氏倫理學談「滌淨」[51]，就不單有醫療義，而且還意謂著倫理踐行之道。

政教面：柏拉圖談節制淨滌，不單牽涉個人的道德實踐而已，尚且兼顧社會政教之安和樂利，為求移風易俗、民德歸厚（"Republic" 10, 606^{a}; "Laws" 7, $790^{c\text{-}e}$）。同樣地、亞氏《政治學》既從政制面談論「滌淨」（8, 7, 1341^{b} – 1342^{a}），也自然包含政治社會教化意味。

固然、*katharsis* 一辭用法，尚且涵括宗教靈修面。

從「宗教」面看，*katharsis* 一辭被放在天人交往的層面來被考量。在此、我們體認到靈修進境的三面向或時份：

消極面：去除迷執昏蔽的障礙

51. *Nicomachean Ethics* 2, 6, 1106^{b}16-23; 7, 12, 1152^{b}31-34; 7, 14, 1154^{b}17-19.

- 積極面：邁上修業進德的歷程
- 冥合面：達致與道冥合的頂峰

古希臘眾奧祕宗教（Mystery Religions）如俄耳斐烏斯（Orpheus）團體、以至畢達哥拉斯成員等，都大同小異地在上述三面向上互相輝映：

俄氏團體藉刻苦節制，來讓靈魂從肉體的牢獄中獲得釋放，以回復心靈的清淨，好能邁進於德、仰合天道。

畢氏成員也標榜克己修身、靜坐冥想，藉音樂旋律的帶動來讓心靈吻合上天的頻率（Iamblichus, *Vita Pythagorae* 137）。

蘇格拉底、柏拉圖浸潤在奧祕宗教的氛圍下，也談靈性淨化（"Phaedo" 67^{c-d}, 69^{c-d}, 114^{c}）以與上天融合（"Theaetetus" 176^{a}）。

亞里士多德即使在行文上淡化了宗教色彩，到底仍在字裡行間透露了奧祕靈修的語氣如「纏迷／*katokōkhimoi*」、「聖樂」（*Politics* 8, 7, $1342^{a}8-9$）、「成為不朽」（*Nicomachean Ethics* 1177^{b}）等。

iii／亞氏《詩學》*katharsis* 一辭所給予的啟發

52. W. D. Ross, *Aristotle: A Complete Exposition of His Works and Thought*（Ohio: Meridian Books, 1959, 3rd printing 1961）, p. 273.
53. 亞氏《政治學》8, 7, $1341^{b}39$ 表明他要在論詩的著作裡解決 katharsis 一辭之義；但此論點並未在現存的《詩學》中被瞥見。一般學者認為這一部份已隨《詩學》卷二論喜劇的段落一起佚失。參閱亞氏《詩學》陳中梅譯注引言 p. 9 & p. 19 註 27.
54. John Milton, "Preface" to *Samson Agonistes*, "Tragedy, as it was anciently composed, hath been ever held the gravest, moralist, and most profitable of all other poems; therefore said by Aristotle to be of power, by raising pity

Katharsis 一辭既然有這麼寬廣而豐富的義涵，那麼、亞氏引用此辭時的核心範圍在那？換言之，在 *katharsis* 一辭的眾多面向中、那一個（或那一些）才是亞氏所欲在《詩學》中呈現的首要意義？有關這樣的追問，就如同羅斯（W. D. Ross）所指，學者們的見解極為多元而繁浩，蒐集起來可累積成一個圖書館㊾。大致上、這些意見可籠統地被歸納為兩個主要項目；其一是「倫理解釋」，以十八世紀德國劇作家萊辛（Gotthold Ephraim Lessing）之《漢堡劇評／*Hamburgische Dramaturgie*》為代表；其二是「醫療解釋」，以巴內斯（Jacob Bernays）於一八五七年發表的 *Zwei Abhandlungen über Aristotelische Theorie des Drama* 為典範。只不過亞氏並未留下足夠的資料來讓我們確認其核心用意㊿，但卻給予我們多方面的啟發，尤其是宗教靈修面的「革面洗心、皈依正道、冥合天心」這一條思路，足以讓我們把「詩作」連貫至「神祕經驗」，甚至聯想起那身為詩人兼神祕家的聖十字若望。

說到底、上述有關 *katharsis* 的眾面向看來並非彼此排斥、而是互相連繫、可共同融匯為一。這正是英國大文豪密爾頓（John Milton）的較圓融看法；他在《力士參孫／*Samson Agonistes*》的〈序言〉中指出：亞氏《詩學》談 *katharsis*、兼含醫療、倫理等意義(54)。密爾頓尚且在字裡行間點出一個思考方向——「淨化」即「美化」(55)；這是亞氏在提示詩作本質義時所欲言又止而又未及盡述的一個要點。

and fear, or terror, to purge the mind of those and such-like passions; that is to temper or reduce them to just measure with a kind of delight stirred up by reading or seeing those passions well imitated. Nor is Nature herself wanting in her own effects to make good his assertion, for so, in physick, things of melancholick hue and quality are used against melancholy, sour against sour, salt to remove salt humours."

55. 密爾頓隱然提示：情緒疏導引致一份（美感）愉悅；此點被哈維・戈爾德斯坦（Harvey Goldstein）所明言：*Katharsis* 意謂一個提煉過程，其原料「憐憫」和「恐懼」、透過「提煉」的篩選，凸顯出審美價值，給觀眾一份美的享受。Harvey Goldstein, "Mimesis and Catharsis Reexamined" in *Journal of Aesthetics and Art Criticism* 24（1996）, pp. 567-577.

c、詩引發自美感

亞氏談 *mimesis* 與 *katharsis*，卻沒有正題地處理「詩」與「美」的連繫，但非正題地吐露了以下的一些訊息。

i／亞氏談詩與美

亞氏在詩與美的關連方面，曾蹤觸到下列三點：

其一是、被述說者之美

亞氏談悲劇之美，提示它如同活物一般，本身蘊含著「整一」、「秩序」、「均勻」、「體積適中」等美的特質，只是詩人所取材的原初史料之美尚未被點化、而有待被點化而已（*Poetics* VII, 1450^{b} – 1451^{a}）。

其二是、述說者之點化

詩人有能力在被摹擬對象上、藉個人的美感、而點化其中的美緻。亞氏以詩人的創作、類比著畫家的人物素描，貴在把其中的美好面凸顯出來（*Poetics* XV, $1454^{b}7$ – 13; XXV, $1461^{b}10$ – 13）。

其三是、聆聽者之感動

亞氏還一再地提示：詩人自己在備受感動之餘，不單藉此點化了被描述者之美，尚且能在聆聽者身上複製出詩人所沾得的美感（*Poetics* IV, 1448b8 – 9; VI, $1449^{b}26$ – 29; XIV, $1453^{b}12$ – 13）。

ii／詩人引發及傳遞美感的能耐

是什麼能耐讓詩人在感動中捕捉事物的美、再引起聽眾的共鳴？即使亞氏沒有正題地處理這問題，至少在字裡行間提示了詩人的「努力」與「天賦」二者。

有關詩人的努力，亞氏一貫的態度是：任何才能、（包括做詩）、都有其後天加工而致熟練的因素；凡經受鍛鍊而造就的技藝（*technē*），會在生命中形成習慣，類比著修德而培養的習性（*hexis*）一般，使人敏於踐行而發皆中節（*Nicomachean Ethics*, 1103a14 – 17; $1105^{a}26$ – 34; $1105^{b}19$ff）。詩人所須後天地努力進修的面向，計有「形式面」與「內容面」：

形式方面的努力：詩詞既是韻文、要求格律工整，詩人就須學習格律規則，接受操練，否則無從掌握做詩的技巧。

內容方面的努力：詩詞即使有其即興成份，到底往往牽涉歷史典故、天文地理、山川草木等事項，若不博聞強記，則無以為詩。

為此，詩人是有其一技之長，被荷馬歸入「製作者／*dēmiourgoi*」之行列，如同醫生、工匠一般，用自己的本領來為民眾服務（Homer, *Odyssey* 17, 383 － 385）。劉勰《文心・神思》也因而說：「積學以儲寶，酌理以富才，研閱以窮照，馴致以懌辭，然後使玄解之宰，尋聲律而定墨；獨照之匠，闚意象而運斤。」

然而，亞氏並不否定詩人先天的秉賦。

有關詩人的天賦，亞氏一再地以荷馬的出類拔萃為例（*Poetics* VIII, 1451ª23 － 24; XXIII, 1459ª30 － 35; XXIV, 1460ª5 － 11, etc.），強調傑出詩人不單技巧純熟，尚且是天才，非學而得之。亞氏提示詩人秉賦，其論點可方便地從靈功能的三重運作——理智、記憶力、意志——上被體會：[56]

理智方面，優質的詩人有其敏銳的洞察力，能從事物身上把握意象來作引喻；也懂得從典故中選材，緊湊適中而恰到好處；這份能耐，無法藉師從而學來（*Poetics* XXII, 1459ª4 － 8）。

記憶力方面，詩人記性驚人，一方面能從大量辭彙中遊走自如、而不著痕跡，另一方面也能從浩繁的文物中適當取材，而各如其份（*Poetics* XXII, 1459ª4 － 8）；無怪乎詩歌「*Mousikē*／繆斯」的母親名叫「*Mnēmosunē*／記憶」[57]。

56. 雖然亞氏並未對靈功能作三分法，但我們既以聖十字若望為懇談對象，就不妨引用亞氏心得來配合十字若望分法。關於聖人靈功能分辨，參閱其《攀登加爾默羅山》卷二、卷三。
57. 參閱陳中梅譯注亞氏《詩學》，p. 293, 註 78.

意志方面，詩人內心熾熱，敏於感觸，一旦搖蕩性情，乃至於出神忘我，引發字字珠璣，讓聽眾無不動容；這是一般感情枯竭、麻木不仁者所望塵莫及。為此，亞氏指詩人是天資聰穎與感情狂熱的組合（*Poetics* XVII, 1455^{a}30 – 34）。

此三功能隸屬同一位詩人，凝聚著同一份詩心，一旦發揮作用，則應物斯感，感物吟志，形諸舞詠。

iii／詩被催成的剎那

詩人優厚的天份，加上後天的加工，遂在美感被觸動的剎那，從所浸潤的語文當中，製作扣人心弦的詩篇。即使亞氏未及反思詩人孕育詩句一瞬間的內在光景，到底因其以詩之為「創作／*poiētikē*」一事，以致當代語言哲學得以把握其中要領。

有關詩被催成的剎那，梅露龐蒂（Maurice Merleau – Ponty, 1908 – 1961）有這樣的體會：與其說詩人在有所感觸後、才忙著找尋適當的字句來表達心志，不如說人在既有的語文上，創造出嶄新的意境。梅氏《知覺現象學》分辨「講話中的字／Word in the Speaking／*la parole parlante*」與「已被講的字／Spoken Word / *la parole parlée*」二者⑱。

後者（已被講的字／*la parole parlée*）意謂一文化所擁有的語言，其字義已被表達，沉

58 Maurice Merleau-Ponty, *Phenomenology of Perception*（London & Henley: Routledge & Kegan Paul, 1962）, p. 197.

澱在文本或遺跡中，可從字典上被查閱。

前者（講話中的字／*la parole parlante*）則意謂著字義正在生產之際，要在詩人的感觸下成形；此時、意義並不先於語言的表達，而是在字辭上冒出前所未有的涵義。詩人並不脫離所浸潤的文字來思考，也不是事先想好一首詩的內容，再藉語言來發表。相反地、他是在實現一思想，在句子的流露中呈現。在創作的剎那，語言與思想是一致的（Identical），是為同一回事的兩面；思想是語言的主體面，語言是思想的形軀面[59]。

我們可藉類比的方式來說明詩的創作；文字好比畫板上的顏料、或樂器所蘊含的音響。

剋就顏料本身不足以提供圖畫的意義；
剋就樂器本身不足以提供音樂的意義；
剋就文字本身不足以提供詩詞的意義。
藝術家須用原初的顏料來製造畫意；
作曲家須用原初的音響來創作旋律；
詠詩者須用原初的文字來孕育靈感。
圖畫的意義內在於顏料的運作中；
樂曲的意義內在於音響的搖曳中；
詩篇的意義內在於文字的抒展中。

59. Merleau-Ponty, *Phenomenology of Perception*, p. 178.

詩人在文字中醞釀思考，也在語言中轉化語意。思想在語詞的交匯中脫穎而出，靈感在文字的輾轉下應運而生。詩人並不在詠詩前思考，甚至不在吟詩中思考，他的詩句就是他的思考[60]。

人能超越所投入的言說而製造新意，詩人能駕御所降孕的語文來展現創新力。就在受感觸的瞬昔，他那純熟的技藝，響應著語詞的飛舞，配合著節奏的律動，就此振盪出美得叫人出神的縷思，鑄下令人動容的字句。在這驚鴻一瞥的揮灑間，思想蘊含在語言內，思想不離語言，思想不異於語言，思想就是語言。此之謂神思[61]，在詩人的精工妙筆下被留住而永垂不朽。

3、連貫亞氏四因說來落實詩的定義

亞氏《詩學》追溯詩的本質義，先後接觸到一系列關鍵詞如「*logos*／語言」、「*rhuthmos*／節奏」、「*mimesis*／摹仿」、「*katharsis*／滌淨」等，也環繞著「*kalos*／美」的體認而展示詩人靈感的兌現。這一系列辭彙多少提示我們去串連亞氏《形上學》四因說[62]來作聯想：詩以語言、節奏作行文的「形式因」；以世物、史事作摹擬的「質料因」；以滌淨身、心、靈、而致移風易俗、上體天心作為提昇的「目的因」；以詩人、美的感應和吟詠作為

60. Merleau-Ponty, *Phenomenology of Perception*, pp. 179-180.
61. 劉勰《文心雕龍．神思第二十六》：「故寂然凝慮，思接千載；悄焉動容，視通萬里；吟詠之間，吐納珠玉之聲；眉睫之前，卷舒風雲之色。」
62. Aristotle, *Metaphysics* V, 2, 1013^{a}24-1014^{a}25. 初步引介參閱沈清松《物理之後：形上學的發展》（台北：牛頓，1987），pp. 109-114.

孕育詩句的「動力因」。

換言之，詩可被套在四因說的架構來展現其脈絡：

在形式因的前提下，詩是文學創作，蘊含格律體裁而可以入樂，故以 *logos*、*rhuthmos*、*harmonia* 等字作基本語。

在質料因的背景下，詩以世物、史事作為原初材料，讓詩人去擬事象物、形成象徵、進行比興，而致標榜 *mimesis* 作核心辭。

在目的因的示意下，詩詞雖不以說教為旨、卻以詠懷為志，吟諷間達致淨化個人與社會，讓民德歸厚、翕合天道，致使 *katharsis* 一辭得以被凸顯。

在動力因的指引下，詩人的靈感成了一股吟詠的動力，環繞著 *kalos* 一義而展開，寓意著詠詩者的努力及天份都是重要因素。

如此一來，詩可被定義為蘊含格律體裁的文學創作，在詩人美感的帶動下、而取材世間物事來作摹擬對象，藉此陶冶個體與群體性情而臻至昇華的目標。其中涵義，茲藉下圖示意：

揮筆至此、我們或許已具備較充份的背景去檢討聖十字若望的詩心。

二、藉亞氏《詩學》觀點檢討聖十字若望詩心

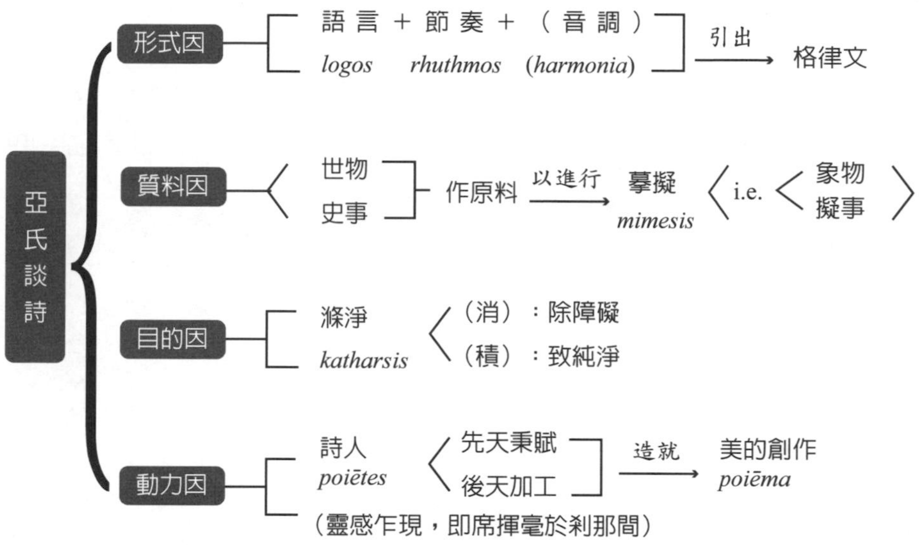

當我們落實在聖十字若望的詩作來進行反思之際，也許會踫觸到以下的兩重體會：

其一是、要研究聖人的著作，須優先處理他的「詩」；

其二是、要探討聖人的詩，須同時正視他的「人」。

關於第一點，聖人的長篇論著，皆引申自他的詩；讀者們是因為讀到他的詩才要求他作注解，而致聖人才演繹其四本鉅著[63]。為此、若不率先掌握他的詩，則其神祕學精髓也恐被失之交臂。

關於第二點，讀者一旦探討聖人的詩，就發覺有必要追溯他的生平行實、人格氣質，藉此內在地扣緊他的詩心來複製詩中的感受[64]。

63. 西班牙文之聖十字若望全集以其詩作為第一順序。Kavanaugh 英譯 1991 年再版也仿照西文之編排。這等於間接告訴我們：從聖人詩作入手研究是理所當然的步驟。

64. Gerald Brenan 和 Colin Thompson 都因著專注聖人的詩而自覺必須敘述其生平，以體認其活的見證。Gerald Brenan, *Saint John of the Cross: His Life and Poetry* （Cambridge: Cambridge University Press, 1973）. Colin Thompson, *The Poet and the Mystic: A Study of Cántico Espiritual of San Juan de la Cruz* （London: Oxford University Press, 1977）.

固然我們礙於篇幅所限、未能細緻交待聖人的生平行實，到底仍可借助亞氏《詩學》的提示，而把聖人的詩心聚焦在其（一）詩作的昇華、（二）詩學的陶成、（三）天賦的卓越、（四）摹擬的深義等重點來作評估。

（一）詩作的昇華

為因應「*katharsis*／滌淨」目標作考量，我們在此指出：聖人不單談主動與被動的「黑夜」之淨化，且因上應天道而體證極緻之美。我們既已從美的三重向度——型器之美、感知之美、存有學之美——作過分析，於此從略。

（二）詩學的陶成

站在「*logos*／語文」、「*rhuthmos*／節奏」、「*harmonia*／音調」等形式面問及聖人詩文的陶成，我們能給予的提示是：聖人青少年期已開始接受紮實的古典文學訓練，其師盡是名重一時的人物，加上聖人挑燈夜讀的苦學，早已在學術上打下深厚的基礎[65]。

65. 有關於聖人早年受訓情形，參閱 Kieran Kavanaugh, “General Introduction”, *in The Collected Works of St. John of the Cross*, pp. 16-18.

66. *Vida y obras de San Juan de la Cruz*, 4ª edición. Por Crisógono de Jesús, O. C. D.（Madrid: La Editorial Católica, S. A., 1960）, pp. 83-84, 87. J. C. Nieto, *Mystic, Rebel, Saint: A Study of St. John of the Cross*（Genève: Droz, 1979）, p. 101.

67. *Vida y obras*, pp. 114-115; René Huyghe, “The Christ of St. John of the Cross” in The Three Mystics, ed. by Bruno de Jésus Marie, O. C. D.（New York: Sheed & Ward, 1949, reprinted 1952）, pp. 96-98; J. C. Nieto, *Mystic, Rebel, Saint*, pp. 81, 105-106.

（三）天賦的卓越

凡感受「*kalos*／美」而衍生創作動力的藝術家，其天份自是不可或缺的一環。在這方面，聖十字若望深具藝術氣質與秉賦，他多才多藝，除了吟詩之外，尚涵括雕刻、繪畫、和音樂。雕刻方面，按當時人的見證，聖人在營建第一批革新聖衣會女修院時，往往在空餘時間來木刻製作十字架[66]。繪畫方面，目前仍殘存一些小畫、素描；其中最受注目的是現藏於亞味拉降孕修院（the Convent of the Incarnation）內的一幅基督懸在十字架上的苦像[67]。音樂方面，他常歌唱，愛好作曲，按其旅途同伴的報導，每當他一離開市鎮、就會即興寫譜作樂，以文詞和旋律來表現心靈深處的情感[68]。固然、在眾多才藝上、聖人最善於賦詩；詩作方面，其心情之敏銳、感受之深厚，可拿詩人卡羅斯（Carlos Muciano）之言來形容：「此人外皮是灰燼，內臟是烈焰。」[69]他行文造句、拿捏得當，配合意境、天衣無縫；難能可貴的是：當其意象巧用在神祕經驗當兒，竟是如此地渾然天成，毫無矯揉造作，簡直是鬼斧神工、登峰造極，讓讀者在感動中自然而然地舉心向上，獲得美的淨化。如此的造詣，雖然部份地得力於後天的努力、與靈修的超卓，到底這仍多半是由於先天的秉賦所致，非純粹藉師從學來。無怪乎柯文諾（K. Kavanaugh）譽之為西班牙最崇高的詩人（“the loftiest poet of Spain”）[70]。

68. Frederico Ruiz, O. C. D. 著，台灣加爾默羅隱修會譯《聖十字若望的生平與教導》（台北：上智，2000 年），p. 68.
69. Ruiz,《聖十字若望的生平與教導》，p. 49.
70. Kieran Kavanaugh, “Introduction to the Poetry”, in *The Collected Works of St. John of the Cross*, p. 709.

含的深義。然而、在聖人的詩心上、最值得我們留意的、應該是其詩句所摹擬的事象及其中所蘊

（四）摹擬的深義

詩人善於「*mimesis*／摹仿」，能「近取諸身、遠取諸物」，把山川草木、史事典故等原初質料，在摹擬中化作靈巧的意象。聖十字若望既是一位傑出的詩人，其意象的運用是為得心應手的自然流露，並不刻意求工。這種現象不單呈現在他的詩作上，甚至出現在其非格律文的著作中，例如：

——小鳥不先掙脫細線，不能展翼高飛；

靈魂執著於世物，達不到神性結合（山1．11．4）。

——神視之靈光乍現如同閃電，在黑夜中掠過，

照亮長空，瞬間復歸於幽暗（山2．24．5）。

——凡放棄機會的人，就如同讓小鳥從掌握中飛走，

一去不復回（《光與愛的話語》29）。

——在生命的黃昏，你將在愛中接受審察（《光與愛的話語》57）。

此等警句，俯拾即是；其意象的精闢，可謂絲絲入扣。若扣緊其詩作來考量其中的意象，則最受注目的要算是「愛侶的相戀」、「黑夜」、「烈焰」三者，分別吐露在〈靈歌〉、〈黑夜〉、〈愛的活焰〉的脈絡中。

〈靈歌〉以愛侶的戀慕為經，以景物的鋪陳為緯，編織出人神間相愛的「起」、「承」、「合」之歷程，並引用舊約《雅歌》（*Song of Songs*）的典故，來繪畫「愛者的黝黑」（《雅歌》1：5／〈靈歌〉33）、「雄鹿的隱遁」（《雅歌》2：17－3：3／〈靈歌〉1）、「鴿子的眼神」（《雅歌》1：15，5：11／〈靈歌〉13 & 34）等意象，推陳出新中尤透露靈魂思慕上主的情傷與淒美。全詩構思於托利多（Toledo）被囚的日子，但眾詩節卻斷續地在不同的時候出現，其間還夾雜著〈黑夜〉的構思與撰寫，藉此間接地提示著二詩意境的牽連[71]。

〈黑夜〉以黃昏、夜靜、黎明的意象為主軸，穿梳著愛者的安枕與柔眠，隱晦著愛、苦、與滌淨，遙契著吾主的受難、聖死、與復活，相應著修行者的煉淨、冥契、與昇華[72]。〈靈歌〉與〈黑夜〉所指望的轉化與圓滿，要在〈愛的活焰〉中呈現其高潮[73]。

〈愛的活焰〉凸顯烈焰、燒灼的意象，來象徵愛的熾熱。愛者恰如受試煉的黃金，在成全的愛中與火焰溶冶一爐，在燃燒中化作一體。字裡行間，提示著「神化結合」所臻致的爐火純青。〈靈歌〉不下四十詩節，〈黑夜〉尚含八詩節，卻要等待〈愛的活焰〉四詩

71. 〈靈歌〉的前三十一詩節寫於 1578 年。〈黑夜〉寫於 1579 至 81 年間。〈靈歌〉之第三十二至三十九詩節則完成於 1582 至 85 年間。參閱 Kavanaugh, “General Introduction” in *The Collected Works of St. John of the Cross*, pp. 33-34.
72. 艾笛思坦（Edith Stein）指〈黑夜〉一詩以自然現象——黃昏、黑夜、黎明，來配合歷史事跡——基督與信徒的十字架之路。E. Stein, *Science of the Cross*, pp. 25-27.（參閱註 48）。
73. 〈愛的活焰〉寫於 1585 年，在〈靈歌〉完成的那年。

節的問世、來畫下《雅歌》所造就的完美句點：「愛情猛如死亡，…它的焰是火焰，…洪流不能熄滅愛情，江河不能將它沖去，…」（《雅歌》6：6－7／思高本譯文）

參、從愛的情傷到美的昇華——以聖十字若望三首詩的意境落實

聖十字若望是為了給〈靈歌〉、〈黑夜〉、〈愛的活焰〉這三首詩作註而寫下他的四部長篇鉅著，這形同暗示我們去用「愛」、「夜」、「焰」三意象來串連起一個主題——人與神戀愛、經歷「黃昏、黑夜、與黎明」，要在紅紅烈火中轉化，展望「全福」的團圓。詩既是美的創作，而作者又是神祕家，我們更有理由把其詩的主題放在美的前提來體會下列三重比對：

一、淒美與完美

二、優美與壯美

三、垂暮之美與昇華之美

一、淒美與完美

德國詩人賀德齡（Johann C. Friedrich Hölderlin, 1770 – 1843）曾在其作品中透露了詩人美感的辯證[74]：

「正」——詩人比平常人更親近大自然

「反」——這份親近叫他倍感「存在的孤立」

「合」——這份「親近」與「孤立」間的張力、隱然寓意著詩心對「絕對的美」的嚮慕

「正」——詩人對大自然的親近

詩人在感受上比一般人敏銳、更容易與事物玄同彼我，與大自然產生內心的共鳴，在默默觀賞萬有中與之融合為一，把感受化作靈秀的詩句，讓讀者也沾得美緻的感動。

「反」——詩人的存在孤立感

然而、甚至連詩人也不常活在美的融洽內；短暫的美感與出神，就如同閃電的瞬間掠過，消失在夜空的幽暗中，而帶來深度的「鄉愁」，痛入骨髓地刺傷詩人的心坎。

「合」——詩心隱然嚮往至美

深藏在詩心的傷感（Poetic Melancholy），卻是一股對準無限之美的嚮慕，「恰如麋鹿切慕溪水，我的心切慕祢」（《聖詠》42）。詩是思鄉的語言，向著無限境界開放，渴望與至美的彼岸冥合。

詩人的鄉愁，在聖十字若望的〈靈歌〉中表現得淋漓盡致。詩心上達天心，化作淒美

74. Johann C. F. Hölderlin, *Menon's Lament for Diotima*. Cf. Ladislaus Boros, *The Moment of Truth: Mysterium Mortis*（London: Burns & Oates, 1965; paperback edition 1969）, p. 66. 參閱拙作〈死亡的一剎那——一個超驗法的探索〉，《哲學與文化》第廿四卷第六、七期合訂本，1997 年 6 月，pp. 532-533.

的嚮慕：「祢隱藏在那裡？心愛的，留下我獨自嘆息，祢宛如雄鹿飛逝，於創傷我之後；我追隨呼喚，卻杳無蹤跡。」（〈靈歌〉1）「為何祢創傷此心，卻不醫治？偷取了我的心，又怎的留它如此？為何不帶走這顆祢偷去的心？」（〈靈歌〉9）作為過來人、聖女大德蘭在這方面作了有力的印證：靈魂一旦嚐到神的甘飴，會更為飢渴思慕，心情如同蜜蠟的烙印，傷痕永不磨滅（《靈心城堡》V，2，12）。

相對於〈靈歌〉的淒美，〈愛的活焰〉卻展現一份完美：「何其可愛柔輕！爾醒於我心！幽隱爾獨居；爾之甜蜜噓氣，幸福光榮溢滿，何其溫柔，爾以愛情瀰我心頭！」（〈焰〉4）人在愛內轉化，化作分享的神，舉手投足之間，也與神心情契合無間，臻至人世最高程度的冥合。

然而，甚至在神婚的境界，尚有其未絕對成全的隔閡，靈魂仍須等待「撕破此紗甜蜜相遇」（〈活焰〉1）展望來世的「全福」（《靈歌》26．11；《黑夜》2．20．5）。

我們除了從聖人的詩體會一份鄉愁與全福的張力外，尚且也領略到其中優美與壯美的對比。

二、優美與壯美

英國哲人包爾克（Edmund Burke, 1729 – 1797）在《崇高與美緻／*On the Sublime and the Beautiful*》（1756）一書分辨「壯美」與「優美」二者，相應著姚姬傳〈復魯絜非書〉所指之「陽剛」與「陰柔」之美：

「自諸子而降，其為文無有弗偏者。其得於陽與剛之美者，則其文如霆如電，如長風之出谷，如崇山峻崖，如決大河，如奔騏驥；其光也如杲日，如火，如金鏐鐵；其於人也如憑高視遠，如君而朝萬眾，如鼓萬勇士而戰之。其得於陰與柔之美者，則其為文如升初日，如清風，如雲，如霞，如煙，如幽林曲澗，如淪，如漾，如珠玉之輝，如鴻鵠之鳴而入寥闊；其於人也漻乎其如歎，邈乎其如有思，喚乎其如喜，愀乎其如悲。觀其文，諷其音，則為文者之性情，形狀舉以殊焉。」

剋就聖十字若望詩句的表現，每多陰柔優雅之緻；然言及其對神之體會，則壯美與優美兼備。〈靈歌〉14詩節彰顯神之崇高：「我的愛人是綿綿的崇山峻嶺，孤寂的森林幽谷。」其30詩節呈現神之雅緻：「花兒朵朵，翡翠片片，清涼早晨細挑選，我倆同來編花圈。」對神的體證，聖人尤凸顯人對聖域所同時感受的「戰慄」（*mysterium tremendum*）與「陶醉」（**mysterium fascinosum**）〔借用奧圖（Rudolf Otto, 1869 – 1937）*The Idea of the Holy*（1917）之語〕。合併其對〈靈歌〉與〈愛的活焰〉之註解，我們則聆聽到如此的分享：人尚未達致最高程度的轉化以前，與神交往，則神壯美的震撼、往往會凌駕於神優美的溫馨之上（《靈歌》14－15，17－18）；但當靈魂已在「神婚」中被「神化」，則會同時安享於神的雄壯與柔情（《活焰》4，2－7 & 11－12），以致一方面能用《聖詠》19首之「乾坤揭主榮，碧穹布化工」來讚嘆神的宏偉，另一方面又能用《依撒意亞》（42：3）之「已壓破的蘆葦、他不折斷，將熄滅的燈心、他不吹滅」來誦讚神的細膩。

當〈靈歌〉與〈愛的活焰〉配合了〈黑夜〉的意境，我們尚可尖銳化和白熱化地藉「垂暮之美」與「昇華之美」的拉鋸來引申出以下的一條思路。

三、垂暮之美與昇華之美

川端康成（1899－1972）在〈臨終之眼〉一文中指示，對藝術家而言，其在「藝術達到登峰造極之境，都會展現臨終之眼。」他在形容芥川龍之介的將死時透露：「對一個心境靜如修行僧『冰一般透澈』的人來說，線香的燃燒聽來猶如祝融之聲，而香灰掉落，竟如落雷般響在耳際。」[75]他還引用芥川死前〈給某舊友手記〉之語：「自然之所以如此美麗，是因為映入我這種人的臨終之眼的緣故。」字裡行間，至少隱然地給我們帶出如此的訊息：詩人面臨生命極限的谷底，尚且藉詩句來綻放垂暮之美，並展望彼岸美的昇華，以致給予我們一個基台去體會聖十字若望〈黑夜〉所提示的意象。

75. 川端康成〈臨終之眼〉，刊於陳恆嘉譯《十一月的憂鬱》（台北：圓神，1987 年）。

於此，後期海德格（Martin Heidegger, 1884 – 1976）對詩學的反省值得我們聆聽：詩人的鬱結，尚且有賴哲人的疏解；詩人讓言語棲居回原初的懷抱，哲人讓真理從幽蔽中揭露；沒有詩人的惆悵，我們回不到深淵的源處；缺乏哲人的慧眼，我們揭不開存有的面紗[76]。感謝上主讓聖十字若望兼備詩人與哲人的秉賦，能以哲人的智慧，來點化詩人的傷感。若把〈黑夜〉一詩的意象，按照《攀登加爾默羅山》和《黑夜》兩本鉅著來釐清，則可窺見其中的象徵、正好糾纏著三個層面的律動：

其一是、自然作為過程所刻畫的黃昏、黑夜、與黎明；

其二是、吾主作為情郎所經歷的苦難、聖死、與復活；

其三是、靈魂作為愛卿所走過的滌淨、傷逝、與昇華。

（一）、自然的黃昏、黑夜、黎明

「聖人是大自然的好友。〈黑夜〉的象徵幾乎全來自親身經驗。某非赤足加爾默羅會士貝拉斯各（Velasco），寫了一本若望的哥哥方濟各的傳記，書中敘述每逢夏日黃昏，若望有時去廣闊田野，祈禱一、二個小時，躺臥在地上，注視天空。他的哥哥也多次陪伴著他。他愛大自然，愛夜晚和夜空的星星，無疑地根植於童年經驗。」[77]

76. 這是海德格在後期研究詩學累積的心得；參閱 Martin Heidegger, *Poetry, Language, Thought.* Translated by Albert Hofstadter（New York: Harper Colophon Books, 1975）. Martin Heidegger, *On the Way to Language*. Translated by Peter Hertz（New York: Harper & Row, 1982）.

聖人既然從小已習慣沐浴於自然的夜空，以致「黑夜」是順手拈來而又得心應手的意象。作為自然現象來說，「黑夜」並不是「對象」（Object）、而是「氛圍」（Milieu），使周遭的景物籠罩在暗昧的虛寂中，讓人的存在（外在）境遇地備受恐嚇、（內在）功能地備受牽制，不過也給大地驅散了喧與擾、而帶來寧與靜。如此的意象，容易讓我們從物理世界之夜、跳躍到心靈世界之夜，領會到自然界之「黃昏、黑夜、黎明」，可象徵著靈修上的「煉路、明路、合路」[78]，標榜著割捨、傷痛、滌淨。

有趣的是、十字若望的詩句尤強調晚間優於白日、黑夜勝於黎明：

——「如此導引，遠勝午日光明。」（〈黑夜〉4）

——「啊！領導之夜，啊！可愛更勝黎明之夜。」（〈黑夜〉5）

若要道破其中奧祕，我們尚須把「夜」的意境、連貫至「愛」的甘苦而一併考量：

——「沒有其他光明和引領，除祂焚灼我心靈。」（〈黑夜〉3）

——「啊！結合之夜，兩情相親，神化卿卿似君卿。」（〈黑夜〉5）

「愛」牽涉著「愛者」與「被愛者」兩個主體；我們須追溯這兩個主體——吾主與靈魂——在相愛中「黑夜」之心路歷程。

77. Federico Ruiz, O. C. D. 著，台灣加爾默羅隱修會譯《聖十字若望的生平與教導》（台北：上智，2000 年），p. 69.
78. Cf. Edith Stein, *Science of the Cross,* pp. 25-26.

（二）、吾主的苦難、聖死、復活

古希臘神話的神在嫉妒人，因為人可以因著愛（例如：英雄Perseus／佩耳修斯深愛著公主Andromeda／安德羅墨達）、而有勇氣面對危險、痛苦、傷害，甚至不惜犧牲自己，以致赴湯蹈火、在所不辭；反之，希臘的神沒有死亡，不能受苦，無所謂有勇氣，更談不上藉犧牲來彰顯自己的愛。時至上古哲學之末，普羅提諾則體會到愛要求付出，以至神——「太一」（Ultimate One）——傾瀉了自己，流出萬物，讓人在還愛中回歸本源，但未想到基督宗教的神竟然因了愛而降生成人；……「祂雖具有天主的形體，並沒有以自己與天主同等，為應當把持不捨的，卻使自己空虛，取了奴僕的形體，與人相似，形狀也一見如人；祂貶抑自己，聽命至死，且死在十字架上。」（斐2：6－8）「祂既然愛了世上屬於自己的人，就愛他們到底。」（若13：1）「人若為自己的朋友捨掉性命，再沒有比這更大的愛情了。」（若15：13）祂說：「一粒麥子如果不落在地裡死了，仍只是一粒；如果死了，纔結出許多子粒來。」（若12：24）「當我從地上被舉起來時，便要吸引眾人來歸向我。」（若12：32）在主耶穌身上，我們接觸到深情的天主，邂逅到一位甘願為愛付出一切、甚至自己生命的愛者。

誠然，吾主在世也經歷其「黑夜」，祂說：「現在我心神煩亂，我可以說什麼呢？

我說：父啊！救我脫離這時辰罷？但正是為此，我纔到了這時辰。」（若12：27）在山園的晚禱中也說：「父啊！祢如果願意，請給我免去這杯罷！但不要隨我的意願，惟照祢的意願成就罷！」…祂在極度恐慌中，祈禱越發懇切；祂的汗如同血珠滴在地上（路22：42－44）。及至聖身懸在十字架上也喊出：「我的天主，我的天主！祢為什麼捨棄了我？」（瑪27：46）

這份愛的苦杯，深深地打動了聖十字若望的心坎，他既取名「十字若望」，就是渴願與吾主一起背負十字架來還愛於祂，並延續祂在世的救贖工程，如同保祿宗徒所言：「如今我（保祿）在為你們受苦，反覺高興，因為這樣我可在我的肉身上，為基督的身體──教會，補充基督的苦難所欠缺的。」（哥1：24）聖人更深深明白主耶穌這的一句話：「不論誰，若不背著自己的十字架，在我後面走，不能做我的門徒。」（路14：27）也就是說，作為吾主的愛者，靈魂的十字架之路，也是成德之路，人經歷痛苦、滌淨，而達致生命的昇華，如同保祿宗徒所說：「如果我們藉著同祂相似的死亡，已與祂結合，也要藉著同祂相似的復活與祂結合。」（羅6：5）「所以，如果我們與基督同死，我們相信也要與祂同生。」（羅6：8）

（三）、靈魂的滌淨、傷逝、昇華

愛就是要求與她的對象結合。人與神相戀，靈魂渴願與神合而為一。

1、滌淨

可是、若要在世上達致人神間圓滿的結合，其前提是：靈魂須經歷徹底的煉淨而被「神化」（Being Divinized），造就「分享的神」（Divinization by Participation）（《山》3．2．8；《靈歌》22．3；39．6；《活焰》1．9）。誠然、人的不成全、相較於神的完美，兩者之間的距離過於懸殊；要達致「神化」，靈魂則須邁上一段激烈的「淨化」過程，而煉淨的面向，剋就《攀登加爾默羅山》和《黑夜》的闡釋，涵括「主動的感官之夜」、「主動的心靈之夜」、「被動的感官之夜」、「被動的心靈之夜」四者。尤其在被動之夜上看，我們愈察覺到神主動的參與和協助，好讓靈魂完成這份艱鉅的任務，相應著《活焰》3．28的話：「如果一個人在尋找天主，他心愛的主更是在尋找他。」

2、傷逝

在愛與煉淨的歷程中，如果我們曉得從「望德」的眼光來觀看，會更能體認聖人對〈黑夜〉所欣賞的美。他之所以珍惜黑夜更優於白晝（〈黑夜〉4）、甘嚐夜苦更勝於黎明（〈黑夜〉5），原因是他更領略到「希望」的淒美，也在愛與希望中沾得一份遠景

——活在希望中，就是尚處在幽暗中；[79]

——處在黑夜沉淵的靈魂，會更尖銳化地迎向所渴望的光芒；

——詩人鄉愁的懇切，更牽動還鄉的團聚；

——經歷湛深的情傷，更能珍惜結合的圓滿。

再者、〈黑夜〉第八詩節是一段相當耐人尋味的句語：

捨棄自己又相忘；
垂枕頰面依君郎；
萬事休；離己遠走，
拋卻俗塵，
相忘百合花層。

79. 有關「希望」進一步的引介，參閱拙作《愛、恨與死亡》（台北：商務，1997），第十三章：〈希望形上學導論——馬賽爾《旅途之人》釋義〉pp. 432-478.

80. *Vida y obras de San Juan de la Cruz,* 4a edición. Por Crisógono de Jesús, O. C. D.（Madrid: La Editorial Católica, S. A., 1960）, pp. 337-8.（英譯）Crisógono de Jesús, *The Life of St. John of the Cross*（London: Longmans, 1958）, p. 268. Federico Ruiz《聖十字若望的生平與教導》（台北：上智，2000），p. 47.

語中提示靈魂在愛中忘卻自己；他只注意到自己的愛人，且願意為愛人作出犧牲。誠然，愛要求與愛者心靈認同，吾主以十字架苦路來救贖所愛的我們；聖人渴願以痛苦犧牲來與愛者基督看齊。…

當聖人在基督背負十字架的畫像前聆聽到吾主的問語：「你願意獲得什麼作為你侍奉我的報酬？」他毫不躊躇地回應：「主，願為你而受苦及被輕視！」⑳

言下之意是：我願藉個人的憂苦來翕合您的憂苦，好讓我在愛的苦痛中相似您，也讓您的黑夜有一個愛侶陪伴，使您的苦路走得不孤寂。我的苦難微不足道，但接合起您的大愛，卻可延續您的救贖工程。我只渴望在您愛的工程上、因我微弱的配合、而走得更順暢。我的名字既然叫「十字若望」，就願我為愛您和您所愛的世人而背負這名字所蘊含的聖召[81]。

3、昇華

愛與犧牲就是如此地弔詭！

馬賽爾意會：當父親為救溺水的兒子而自我犧牲，他不再為自己保留什麼，卻潛意識地相信父子倆尚會在愛中保持著超越個體的連繫，而兒子的獲救要成了一己喜樂的泉源[82]。

狄更斯（Charles Dickens, 1812 – 1870）寫《雙城記／*A Tale of Two Cities*》，描述愛者

81. J. C. Nieto, *Mystic, Rebel, Saint*（Genève: Droz, 1979）, p. 81: Nieto 以此神諭（Locution）為聖十字若望理想的投射、聖召的回應；聖人之內心感召及修道理想、在乎效法苦難的基督，背負基督的十字架，為愛而延續吾主的救世工程。Cf. Paul, Colossians 1: 24.

82 Gabriel Marcel, *The Mystery of Being*, Vol. II: Faith & Reality（Chicago: Henri Regnery, 1951）, p. 168.

辛尼（Sydney）深愛著露西（Lucie），以致毅然代替她的丈夫查理（Charles）上斷頭台；他踏進監獄、步入囚車、走上刑台，再沒有為自己保留什麼，仍在心底裡為愛人祝好；個人的犧牲、可換來愛人的幸福與圓滿；內心混雜著情傷與喜悅，愛的垂暮、帶來愛的昇華，赴死的路程卻牽動著心坎的一份歡愉、安祥與寧靜。

如果「美感」意謂著內心無所待於利的憩息，那麼、愛的昇華無異於美的昇華，我們最終可以在絕對圓滿的「一」、「真」、「善」、「美」的本體內尋獲「愛」的位置。「天主是愛」（若一，4：8；4：16）在無限永恆的界線上、「愛」與「美」是同一個存有的不同屬性，圓融地在一體中彼此吻合，以致生活在愛中的人，也生活在美的境界中。愛的情傷與犧牲，指向美的昇華，以致我們毫不遲疑地說：誠摯的愛者就是本真的美者，在聖十字若望的詩心內透顯。

聖十字若望欲用神哲學的體系來詮釋〈黑夜〉的詩境，但他只分析了前二詩節；其哲思成了未竟之志。

艾笛思坦企圖用《十字架的科學》來交代聖十字若望〈黑夜〉的哲思，她也尚未完成、就以身殉道。

這似乎在寓意著：

——黃昏、黑夜、黎明；

83. 參閱註 76。

——苦難、聖死、復活；
——滌淨、傷逝、昇華。
其中的奧祕，
無從徹底用哲學言語來釐清，
卻可用詩的吟諷來歌誦。
海德格的提示有其理緻：(83)
真理的面紗由哲人來揭露；但存有的底蘊須由詩人來探測。
其中來龍去脈，茲引用下頁圖作提示：

結語

聖十字若望的詩心給我們作這樣的指引：
基督徒的靈修，意謂著
——與上主談一場轟轟烈烈的戀愛！
——用生命來創造美輪美奐的靈歌！

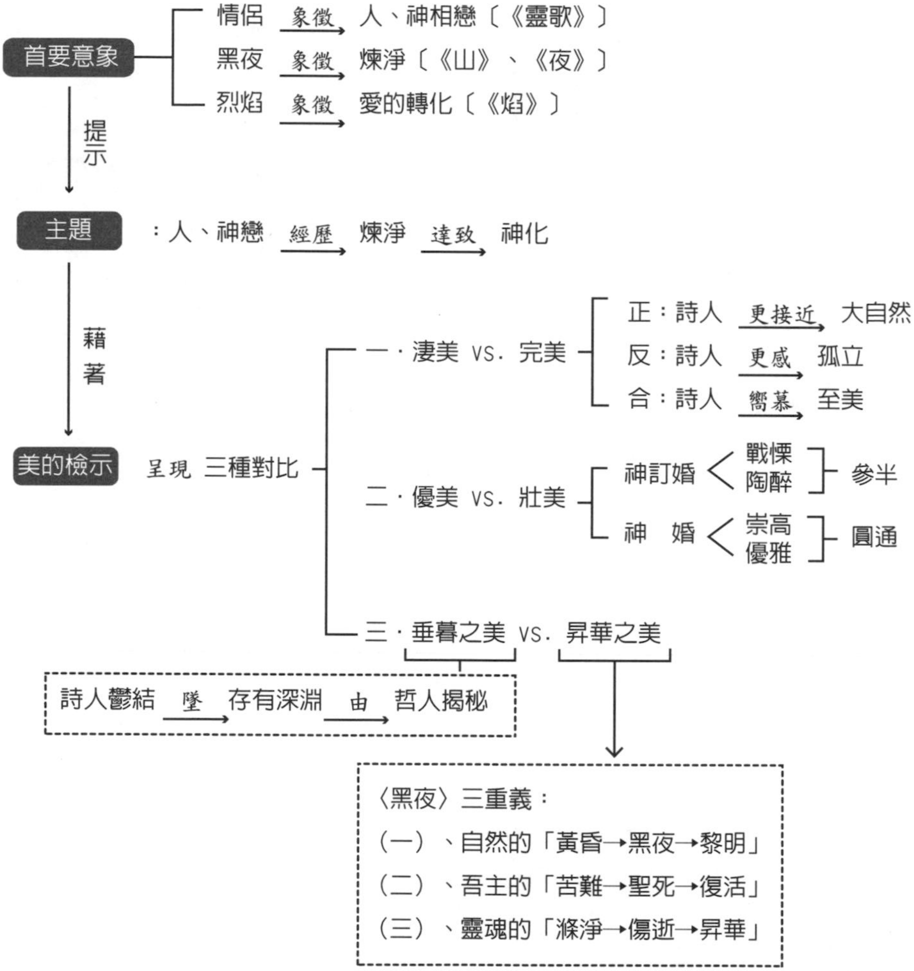
首要意象
情侶 象徵 人、神相戀〔《靈歌》〕
黑夜 象徵 煉淨〔《山》、《夜》〕
烈焰 象徵 愛的轉化〔《焰》〕
提示
主題
：人、神戀 經歷 煉淨 達致 神化
藉著
美的檢示
呈現 三種對比
一．淒美 vs. 完美
正：詩人 更接近 大自然
反：詩人 更感 孤立
合：詩人 嚮慕 至美
二．優美 vs. 壯美
神訂婚
戰慄
陶醉
參半
神 婚
崇高
優雅
圓通
三．垂暮之美 vs. 昇華之美
詩人鬱結 墜 存有深淵 由 哲人揭秘
〈黑夜〉三重義：
（一）、自然的「黃昏→黑夜→黎明」
（二）、吾主的「苦難→聖死→復活」
（三）、靈魂的「滌淨→傷逝→昇華」

SAINT JOHN
OF THE CROSS

國家圖書館出版品預行編目資料

愛的活焰／聖十字若望（St. John of the Cross） 作 .
-- 初版 , -- 臺北市：星火文化，2015 年 3 月
面；　公分 . --（加爾默羅靈修：8）
ISBN 978-986-90324-3-8（平裝）
譯自：The Living Flame of Love
1. 天主教　2. 靈修

244.9　　　　104002557

愛的活焰

作　　者　聖十字若望（St. John of the Cross）
執行編輯　徐仲秋
校對編輯　陳芳怡
封面設計　Neko
內頁排版　Neko
總 編 輯　徐仲秋
出 版 者　星火文化有限公司
地　　址　台北市衡陽路七號八樓
營運統籌　大是文化有限公司
業務經理　林裕安
業務專員　馬絮盈
業務助理　李秀蕙
行銷企劃　徐千晴
美術編輯　林彥君
讀者服務專線：（02）2375-7911 分機 122
24 小時讀者服務傳真：（02）2375-6999
香港發行　豐達出版發行有限公司
Rich Publishing & Distribution Ltd
香港柴灣永泰道 70 號柴灣工業城第 2 期 1805 室
Unit 1805, Ph. 2, Chai Wan Ind City, 70 Wing Tai Rd,
Chai Wan, Hong Kong
電話：（852）21726513
傳真：（852）21724355
E-mail：cary@subseasy.com.hk
印　　刷　韋懋實業有限公司

2015 年 3 月初版　　Printed in Taiwan
2022 年 8 月初版 2 刷
I S B N　978-986-90324-3-8　　定價／280 元
感謝 ICS Publications 授權翻譯，中文版權屬芎林加爾默羅聖衣會隱修院。